ESTUDIO BÍBLICO GUIADO  POR EL ESPÍRITU SANTO

LA GLORIA DE DIOS

GUILLERMO MALDONADO

WHITAKER HOUSE

Traducción al español realizada por Gloria Zura.

LA GLORIA DE DIOS
(Estudio Bíblico Guiado por el Espíritu Santo)
Publicado también en inglés bajo el título: *The Glory of God (Spirit-Led Bible Study)*

Guillermo Maldonado
13651 S.W. 143rd Ct., #101
Miami, FL 33186
http://www.elreyjesus.org/
www.ERJPub.org

ISBN: 978-1-60374-565-9
eBook ISBN: 978-1-60374-736-3
Impreso en los Estados Unidos de América
© 2013 por Guillermo Maldonado

Whitaker House
1030 Hunt Valley Circle
New Kensington, PA 15068
www.whitakerhouse.com

Por favor, envíe sugerencias sobre este libro a: comentarios@whitakerhouse.com.

Contenido

Acerca de la serie de Estudios Bíblicos Guiados por el Espíritu Santo

La serie de Estudios Bíblicos Guiados por el Espíritu Santo es una colección de diversos estudios independientes diseñados ya sea para individuos o para grupos. Cada curso de estudio personal presenta tanto temas escriturales como de un libro de la Biblia en particular. Los lectores pueden ir más allá de sólo leer la Biblia para involucrarse en el estudio de sus verdades y principios; aprendiendo a aplicarlos a la vida diaria de manera práctica, mientras crecen en su entendimiento de Dios y profundizan su relación con Él. Jesús dijo: *"Cuando venga el Espíritu de verdad, él os guiará a toda la verdad"* (Juan 16:13). Los lectores son animados a reconocer que sólo cuando el Espíritu Santo mora en nuestro interior podemos comprender verdaderamente las Escrituras y mostrar la vida de Cristo en la nuestra; y que debemos depender de Él cada vez que leamos o estudiemos la Biblia.

INTRODUCCIÓN

He conocido creyentes y líderes que se preguntan constantemente: "¿Esto es todo lo que Dios tiene para mí? ¿Dónde está el Dios de poder y milagros? Jesús, ¿es sólo una figura histórica o es el Cristo viviente? El Señor, ¿aún puede hacer los mismos milagros de los que habla la Biblia?". Dios no ha cambiado. Él es el mismo ayer, hoy y por los siglos (vea Hebreos 13:8). Yo puedo testificar, por experiencia de primera mano, que Dios existe y continúa haciendo milagros en nuestro tiempo, a través de su gloria.

La gloria de Dios no es tan sólo un concepto teórico; es una verdad espiritual. Es una realidad celestial que cada creyente puede experimentar ahora. Una simple religión nunca producirá una experiencia sobrenatural con Dios porque está vacía de su gloria y de su vida. Podemos pasar de practicar una religión a tener un encuentro con nuestro Padre celestial, el Padre de la gloria.

Si no tenemos una revelación continua de la gloria de Dios, tarde o temprano, nos estancaremos en el camino y nos convertiremos en "odres viejos" (Lucas 5:37). En otras palabras, no permitiremos que Dios haga algo nuevo en nuestra vida, lo cual podría traer propósito, poder y sanidad. Por lo general estamos tan ocupados en mantener las apariencias y cumplir normas que terminamos atrapados en las tradiciones. Dios quiere que volvamos a su gloria; y además, quiere llevarnos a nuevos ámbitos de la misma que nunca antes hemos experimentado.

El conocimiento revelado nos introduce en la dimensión de la gloria; pero el hambre y la sed de Dios son las que nos mantienen allí.

Yo siempre le enseño a mi congregación a seguir al Hacedor de Milagros, no los milagros. Nuestra prioridad es seguir a Jesús. Cuando lo hacemos, Él confirma su palabra con señales (vea Marcos 16:20). Yo siento pasión por ver señales, milagros y maravillas, pero mi mayor pasión es conocer a Dios y su gloria, en todo sentido, y convertirme en su instrumento para impactar la tierra con el Evangelio, con el fin de ganar almas.

Yo creo, predico y practico la teología que respalda lo que enseña la Biblia. Soy un defensor de la sana doctrina de Jesucristo como Señor y Salvador. Además, como he funcionado en el rol bíblico del apóstol, he aprendido a establecer un sólido fundamento bíblico en las vidas de miles de nuevos creyentes, tanto en mi iglesia local como alrededor del mundo. Es más, yo animo a mi equipo de liderazgo a estudiar la doctrina bíblica y a establecerse en la misma. Hago esta aclaración para que nadie asuma, erróneamente, que yo rechazo o menosprecio la doctrina o la teología por promover la revelación fresca. Mi llamado apostólico consiste en enseñar, entrenar y equipar a los creyentes. El deseo de mi corazón es no ser uno de los pocos vasos que Dios usa para realizar sus milagros, señales y maravillas, sino equipar a miles de líderes para que, a su vez, entrenen y guíen a otros en la misma senda, y ganen almas. Me he invertido en la nueva generación que Dios está levantando con resultados asombrosos; y quiero que usted tenga los mismos resultados, combinando su conocimiento de las Escrituras con la revelación, permitiendo que Dios manifieste su gloria a través de usted. El evangelio de Jesucristo es sencillo, práctico y poderoso. Cada una de las siguientes clases lo ayudará a pasar de una doctrina bíblica fundamental a una vida emocionante y con propósito en la cual experimentará al Dios de la Biblia —el Dios de la gloria— cada día, convirtiéndose en un portador de su presencia transformadora y sanadora, para este mundo.

Por tanto, nosotros todos, mirando a cara descubierta como en un espejo la gloria del Señor, somos transformados de gloria en gloria en la misma imagen, como por el Espíritu del Señor.   (2 Corintios 3:18)

Cómo utilizar este estudio

Introducción

Bienvenido a *La Gloria de Dios*, como parte de la serie de Estudios Bíblicos Guiados por el Espíritu Santo. Nos complace que haya tomado la decisión de ahondar su conocimiento de la Palabra de Dios. Este curso está diseñado como un estudio bíblico personal acerca de la gloria de Dios; el cual puede ser completado de manera independiente por estudiantes particulares o puede ser utilizado en grupos de estudio bíblico, clases dominicales, un curso sobre los fundamentos de la fe cristiana o grupos de oración. Para aquellos que hayan leído el libro del autor *La Gloria de Dios* (Whitaker House, 2012), este curso refuerza los temas más relevantes que se encuentran allí, a la vez que brinda un estudio más amplio de las Escrituras y una aplicación del tema.

Elementos de cada clase

Versículo o pasaje bíblico

Cada clase comienza con un versículo o pasaje bíblico que destaca el tema.

Introducción

El autor brinda el trasfondo, contexto y/o cualquier otra información relevante para preparar el marco de la lección a continuación.

Preguntas de estudio

Cada clase incluye aproximadamente 20 a 35 preguntas; y algunas de ellas tienen varias partes. Las preguntas están organizadas por secciones que enfatizan aspectos particulares del tema principal. Cada una va seguida por su correspondiente referencia bíblica entre paréntesis; lo cual ayuda al estudiante a responderla. Si una referencia bíblica tiene una *a* o una *b* a continuación (ej.: "Juan 3:16a" o "Juan 3:16b"), significa que la respuesta se encuentra en "a", la primera parte del versículo o "b", la segunda parte. El estudiante deberá leer el versículo o pasaje bíblico y luego escribir la respuesta en la(s) línea(s) que hallará en la página o circular la respuesta correcta. Dado que este curso brinda un amplio panorama del tema de la gloria de Dios en la Biblia, el estudiante deberá buscar una variedad de pasajes relevantes, tanto del Antiguo como del Nuevo Testamento.

Reflexiones

Cada clase incluye conocimiento que el autor ha acumulado a través de sus experiencias con la gloria de Dios en el ministerio y sus estudios específicos acerca del tema de la gloria en las Escrituras. Por ejemplo, la primera clase presenta "Reflexiones acerca del significado bíblico de la gloria".

Definiciones clave

En varios puntos de la clase se brindan definiciones y explicaciones de conceptos clave relacionados con la gloria de Dios.

Afirmaciones para pensar

De tanto en tanto, se presentan afirmaciones (frases), en letra cursiva negrita, para la reflexión personal.

Conclusión

Al final de cada clase, el autor resume el tema y/o le plantea un desafío al estudiante.

Oración de activación

Se brinda una oración para activar a los estudiantes en la práctica de los principios de la clase y se los empodera espiritualmente para servir a Dios y recibir su gloria. Animamos a los líderes de grupos a ofrecer esta oración por los estudiantes; y al estudiante particular lo animamos a orarla para sí mismo(a). (Los estudiantes particulares deben adaptar las oraciones a la primera persona del singular).

Pasos para la acción

Se presenta una lista de pasos para la acción con el fin de capacitar al estudiante en la aplicación práctica del estudio a su vida.

Experiencias con la gloria de Dios

Cada clase concluye con un testimonio de alguien que ha experimentado un encuentro transformador con la gloria de Dios a través de la iglesia del autor, Ministerio El Rey Jesús, en Miami, Florida, y el ministerio del autor en otros países.

Ayudas para las clases

Versión bíblica

La traducción principal de la Biblia usada para este manual es la versión *Santa Biblica, Reina-Valera 1960*. Periódicamente, se utilizan otras traducciones designadas de la siguiente manera:

(NTV): *Nueva Traducción Viviente*

(NVI): *Nueva Versión International*

(LBLA): *La Biblia de las Américas*

(RVC): *Reina-Valera Contemporánea*

Respuestas

Al final de este libro, se encuentra la lista de respuestas a las preguntas del manual bajo los títulos de las respectivas clases, en la sección Respuestas. Además, se incluyen varios de los títulos de las secciones dentro de cada clase, para facilitar la referencia. Las respuestas de los estudiantes deben reflejar el contenido de aquellas provistas en Respuestas, si bien las palabras pueden diferir ligeramente.

Estudio 1
NUESTRO GLORIOSO DIOS

"Tuya es, oh Jehová, la magnificencia y el poder, la gloria, la victoria y el honor; porque todas las cosas que están en los cielos y en la tierra son tuyas. Tuyo, oh Jehová, es el reino, y tú eres excelso sobre todos".
—1 Crónicas 29:11

Introducción

La gloria de Dios no es sólo un concepto teológico para aprender; es una realidad que puede ser experimentada continuamente por su pueblo. Cuando vivimos en la gloria de Dios, habitamos en su misma presencia, recibimos su amor y gracia, entendemos su corazón, aprendemos su voluntad y experimentamos su poder divino. Ese poder transforma vidas —salvando, sanando y liberando— y recrea milagros y maravillas que revelan la majestad de Dios.

Desafortunadamente, muchos teólogos, maestros, predicadores y miembros de la iglesia consideran que la gloria de Dios es cosa del pasado; algo que fue conocido en los tiempos bíblicos, en eventos como la liberación de los israelitas de Egipto, pero que no se puede experimentar hoy. Sin embargo, la gloria de Dios es para nuestra presente generación. Dios desea revelar su gloria a su pueblo y al mundo, y si lo buscamos, lo hará a través de nuestras vidas. *"Y me buscaréis y me hallaréis, porque me buscaréis de todo vuestro corazón"* (Jeremías 29:13). En esta primera clase, comenzaremos nuestra búsqueda descubriendo lo que dice la Palabra de Dios acerca de nuestro Padre celestial, como el incomparable y glorioso Dios.

Preguntas de estudio

Parte I: La gloria de Dios llena el cielo y la tierra

1. ¿Qué es lo que le pertenece al Señor, Dios? (1 Crónicas 29:11)

_____

_____

_____

2. ¿Qué declara la *"gran multitud en el cielo"* acerca de Dios? (Apocalipsis 19:1)

_____

_____

REFLEXIONES ACERCA DEL
SIGNIFICADO BÍBLICO DE LA GLORIA

La palabra hebrea que se traduce como *"gloria"* en el Antiguo Testamento es *kabód*, que literalmente, significa "peso", pero se usa figurativamente en el sentido de "esplendor", "abundancia", "honra" o "gloria"; es algo "glorioso". *Kabód* es usada de manera diversa para describir la riqueza, el poder o majestad de una persona, una posición de influencia o una gran honra (ver, por ejemplo, Génesis 31:1; 45:13). *Kabód* también puede expresar fama, reputación, reconocimiento, belleza, magnificencia, fuerza, dignidad, esplendor, respeto, excelencia, santidad y grandeza (ver, por ejemplo, Éxodo 28:2; Salmos 49:16–17). De estas connotaciones podemos concluir que la gloria de Dios expresa todos sus atributos.

Una palabra griega que expresa mejor el significado de *kabód* en el Nuevo Testamento es *doxa*. Nos lleva a la noción de reputación, honra, fama, alabanza, dignidad, esplendor y brillantez. *Doxa* habla de la majestad real que le pertenece a Dios como el Gobernante supremo —majestad en el sentido de la absoluta perfección de su deidad—.

<u>DEFINICIONES CLAVE</u>: La gloria de Dios es la suma total de sus atributos, carácter y virtudes intrínsecas, el resplandor de su presencia y el esplendor de su majestad.

3. ¿Dónde dice el salmista que Dios ha *"puesto"* su gloria? (Salmos 8:1b)

_____

4. (a) ¿Qué cuentan los cielos? (Salmos 19:1a)

_____

(b) ¿Qué anuncia el firmamento? (Salmos 19:1b)

_____

(c) ¿Qué dice el salmista acerca de la capacidad de los cielos y la tierra para comunicar la gloria de Dios a la gente alrededor del mundo? (Salmos 19:3–4a)

_____

_____

_____

5. ¿Qué más anuncian los cielos? (Salmos 97:6a)

_____

6. Los serafines son ángeles especiales que moran en el trono de Dios. ¿Qué dicen ellos que está lleno de la gloria de Dios? (Isaías 6:3b)

_____

7. ¿Existe algún lugar donde podamos ir que Dios no esté presente? (Salmos 139:7–12)

_____

8. Así como David, ¿en qué deberíamos meditar? (Salmos 145:5)

_____

Parte II: A Dios sea la gloria

9. Los serafines declaran algo acerca de Dios que revela un aspecto esencial de su gloria. ¿Qué es? (Isaías 6:3a)

_____

La gloria (presencia) de Dios es la atmósfera espiritual del cielo, como el aire es la atmósfera física de la tierra.

10. ¿Qué dice Dios acerca de aquellos que tratan de usurpar su gloria o le atribuyen la gloria a algo más que a Él? (Isaías 42:8b)

_____

_____

11. (a) ¿En qué no debería gloriarse el hombre sabio? (Jeremías 9:23)

_____

(b) ¿En qué no debería gloriarse el valiente? (Jeremías 9:23)

_____

(c) ¿En qué no debería gloriarse el rico? (Jeremías 9:23)

_____

12. ¿En qué debería gloriarse una persona? (Jeremías 9:24a; 1 Corintios 1:31)

_____

_____

13. ¿Qué obras se deleita en hacer el Señor? (Jeremías 9:24b)

_____

_____

Sólo Dios tiene gloria intrínseca: "El que se gloría, gloríese en el Señor".

Parte III: Dios comparte su gloria

14. Considerando la grandeza y la gloria de Dios, ¿cómo sabemos que está interesado en lo que sucede en el mundo que Él creó? (Salmos 113:6)

_____

_____

15. Si bien Dios no va a permitir que nadie usurpe su gloria, ¿qué desea darles a los que lo aman y caminan de acuerdo a su voluntad? (Salmos 84:11b) Elija una de las siguientes opciones circulando la letra correspondiente:

    (a) gracia

    (b) gloria

    (c) el bien

    (d) todas las anteriores

Dios desea compartir su gloria con su pueblo.

---

16. ¿Qué término usó el apóstol Pablo para referirse a Dios, el cual combina los conceptos de su amor y su majestad? Complete lo siguiente:

    Efesios 1:17: "*…para que el Dios de nuestro Señor Jesucristo,* _____

    _____ _____ _____, *os dé espíritu de sabiduría y de revelación*

    en el conocimiento de él".

17. ¿Cuál es el propósito de Dios para sus *"hijos"* —aquellos que se han hecho sus hijos por la fe en Cristo Jesús—? Complete lo siguiente:

    Hebreos 2:10: "*Porque convenía a aquel* [Dios] *por cuya causa son todas las cosas, y*

    por quien todas las cosas subsisten, que _____ _____

    _____ _____ _____ _____ _____ _____,

    perfeccionase por aflicciones al autor de la salvación de ellos [Jesús]".

18. En la oración que Jesús oró al Padre antes de su arresto y crucifixión, ¿qué afirmó que les había dado a sus seguidores? (Juan 17:22a)

_____

19. ¿Qué nos ha dado Dios como las *"arras"*, *"garantía"* (NVI), o depósito para la plenitud de su gloria? (2 Corintios 5:5b)

_____

===

La gloria de Dios es la esencia de todo lo que Él es.

===

Conclusión

Hay numerosos aspectos o dimensiones de la gloria de Dios las cuales Él desea mostrarles a aquellos que lo aman y lo sirven. En la gloria de Dios —en su presencia manifestada— todo "es"; por lo tanto, cada necesidad de la humanidad puede ser suplida, para que seamos completos. En la gloria hay sanidad, liberación y milagros (incluso milagros creativos como la formación de órganos nuevos), como los que leerá en las secciones "Experiencias con la gloria de Dios", al final de cada clase.

Mucha gente no entiende la gloria de Dios porque nunca la ha experimentado, ya sea personalmente o a través de una iglesia o ministerio. Yo oro para que usted tenga experiencias sobrenaturales incluso mientras avanza en este estudio bíblico. Considero de suma importancia las secciones al final de cada clase tituladas "Oración de activación" y "Pasos para la acción". No permita que este curso sea sólo un ejercicio intelectual para usted. Úselo como una guía que lo llevará a la misma presencia de Dios.

Oración de activación

Padre de gloria, gracias por revelar tu magnificencia y por darle a conocer a tu pueblo, de manera personal, tu gloria, santidad y gracia. Danos un deseo más profundo de conocerte en tu plenitud y de recibir todo lo que deseas darnos a través de tu gloria. Desata las riquezas de tu gloria en nuestras vidas, en este momento, y permítenos vivir en tu presencia. En el nombre de Jesús, amén.

Pasos para la acción

+ Medite en las siguientes Escrituras e incorpórelas en sus oraciones y en su adoración a Dios: Efesios 1:17–21; 1 Crónicas 29:11; Isaías 6:3; Jeremías 9:24.

+ Cada día de esta semana, escoja un aspecto de la creación y considere cómo éste "declara" la gloria de Dios. Luego, ofrezca alabanza y adoración a Dios por su incomparable gloria.

EXPERIENCIAS CON LA GLORIA DE DIOS

Transformaciones, milagros y sanidades

Hace un tiempo atrás, el Pastor Guillermo Maldonado fue invitado a ministrar a Cochabamba, Bolivia, donde se reunieron aproximadamente 3.500 pastores y líderes. El último día de las reuniones, el Espíritu Santo lo llevó a enseñar y guiar a la gente a tener un encuentro con su gloria. Después de enseñar, la presencia de Dios se manifestó y todos comenzaron a clamar. Cada persona allí fue tocada por esa presencia. Alguna gente clamaba por el perdón de sus pecados y le preguntaba a Dios cómo moverse en lo sobrenatural, mientras que otros simplemente decían que querían servirlo. Cada uno clamaba de acuerdo al deseo de su corazón.

En medio de este movimiento, Dios transformó el corazón de cada líder presente. La prueba es que tomaron todo lo que recibieron y lo compartieron con sus congregaciones, y comenzaron a suceder milagros y sanidades asombrosas. Una mujer diagnosticada con cáncer terminal había sido llevada en camilla. Cuando se vio expuesta a la gloria de Dios, se levantó ¡completamente sana! Una mujer indígena, que no hablaba español, tenía una especie de sarpullido; horribles furúnculos cubrían todo su rostro. Esta mujer ya había consultado a todos los brujos y hechiceros de la región, buscando desesperadamente una solución, pero nadie había podido sanarla. Entonces, la presencia de Dios cayó sobre ella —sin que nadie la tocara ni le tradujera una palabra de lo que se decía— y, de repente, cada furúnculo desapareció y ella recibió su sanidad. Una vez en la plataforma, ella gritaba en *quechua*, que es el dialecto de su región, "¡Gracias, Papito! Lo que los brujos y hechiceros no pudieron hacer en años, ¡tú lo hiciste!". El peso de la gloria era tan fuerte que todo el equipo de ministros comenzó a llorar. Los músicos cayeron bajo el peso de la presencia de Dios. ¡Nadie podía resistirlo! Los 3.500 líderes reunidos en aquel edificio fueron profundamente impactados por su gloria.

Estudio 2

FUISTE HECHO PARA LA GLORIA

"Entonces dijo Dios: Hagamos al hombre a nuestra imagen, conforme a nuestra semejanza; y señoree en los peces del mar, en las aves de los cielos, en las bestias, en toda la tierra, y en todo animal que se arrastra sobre la tierra. Y creó Dios al hombre a su imagen, a imagen de Dios lo creó; varón y hembra los creó".
—Génesis 1:26–27

Introducción

Cuando Dios creó a los seres humanos los invistió con su gloria, como un regalo. La gloria es la herencia de cada hijo de Dios —aquellos que Jesucristo ha redimido del pecado y de la muerte—. Somos especialmente diseñados para la gloria de Dios. Así lo oró Jesús:

> *La gloria que me diste* [Dios, Padre], *yo les he dado, para que sean uno, así como nosotros somos uno.* (Juan 17:22)

La gloria de Dios fue el ambiente donde vivieron los primeros seres humanos, antes de rechazar su amoroso mandato y fueron separados de su presencia. Para nosotros, ser desconectados de la presencia de Dios, significa muerte espiritual y muerte física. Sin embargo, cuando permanecemos conectados a su presencia —cuando tomamos continuamente su aliento, aquel por el cual le dio vida a Adán—, experimentamos la verdadera vida. *"No sólo de pan vivirá el hombre, sino de toda palabra que sale de la boca de Dios"* (Mateo 4:4).

Preguntas de estudio

Parte I: La vida en la gloria de Dios

1. ¿Por quién fueron hechos los cielos y la tierra? (Génesis 1:1)

2. (a) Génesis 1:11–12 explica que Dios creó la vegetación sobre la tierra. ¿Qué hizo aparecer primero, como el medio ambiente en el cual esa vegetación podría vivir? (Génesis 1:9b–10a)

_____

(b) En Génesis 1:20a, leemos que Dios creó las criaturas marinas. ¿Qué preparó primero, como el medio ambiente en el cual esas criaturas podrían vivir? (Génesis 1:9a, 10b)

_____

(c) Génesis 1:24–25 cuenta cómo Dios creó los animales. ¿Qué produjo primero como parte integral del medio ambiento que nutriría y sustentaría esas vidas? (Génesis 1:11)

_____

_____

Antes de crear cualquier cosa, Dios preparó el medio ambiente perfecto para sustentarla.

3. (a) ¿De qué formó, Dios, el cuerpo humano del hombre (Adán)? (Génesis 2:7a)

_____

(b) ¿Qué acción tomó, Dios, para llevar al hombre a convertirse en un ser viviente? (Génesis 2:7b)

_____

(c) ¿Cómo creó, Dios, a la mujer (Eva)? (Génesis 2:21–22a)

_____

4. ¿Conforme a qué imagen fueron creados los seres humanos —el hombre y la mujer—? (Génesis 1:26–27)

_____

5. ¿Cuál es la existencia esencial de Dios, según lo que describe el apóstol Juan? Complete lo siguiente:

   Juan 4:24a: *"Dios es _____"*.

6. ¿Cuál es la esencia de un ser humano —algo más grande que su cuerpo físico y separado del mismo, que regresará a Dios cuando éste muera—? (Eclesiastés 12:7)

   _____

7. ¿A quiénes busca Dios el Padre para que lo adoren? (Juan 4:23b)

   _____

8. En el Salmo 8, David alababa a Dios mencionando varias maneras en las que Él diseñó al hombre para reflejar su imagen y semejanza. Complete lo siguiente:

   (a) Salmo 8:5b: *"Le has…_____ _____ _____*

   _____ _____ _____ _____ ".

   (b) Salmo 8:6: *"Le hiciste _____ _____ las obras de*

   tus manos; todo _____ _____ _____ _____

   _____ _____ ".

===

La gloria de una persona reside en su valor intrínseco.

===

9. (a) Dios preparó el medio ambiente especial en el cual el hombre iba a vivir en la tierra. ¿Cómo se describe esta preparación? Complete lo siguiente:

   Génesis 2:8a: *"Y Jehová Dios _____ _____*

   _____ en Edén, al oriente…."

(b) ¿Qué elementos se incluyeron en ese medio ambiente? (Génesis 2:9–10a)

_____

_____

_____

(c) ¿Cómo llegó Adán a vivir en el huerto? (Génesis 2:8b)

_____

10. (a) ¿Qué presencia había en el huerto con Adán y Eva? (Génesis 3:8a)

_____

(b) ¿Cuál era una de las maneras en que Adán y Eva percibían la presencia de Dios en el Huerto? Complete lo siguiente:

Génesis 3:8a: "Y [Adán y Eva] _____ _____ _____

_____ _____ _____ _que se paseaba en el huerto…._"

REFLEXIONES ACERCA DE EDÉN COMO EL MEDIO AMBIENTE DE LA GLORIA DE DIOS

En hebreo, la palabra "_Edén_" significa "placer" o "deleite", mientras que la palabra "_huerto_" significa "recinto" o lugar "cercado". Viene de una raíz que significa "rodeado"; es algo que "protege", "defiende", "cubre" o "rodea". Cuando estamos en la gloria de Dios, estamos rodeados y protegidos por su presencia. Yo creo que, en vez de ser un lugar geográfico en particular, Edén fue un "sitio" de la gloria, deleitoso y cuidadosamente preparado, que Dios diseñó para que la humanidad habitara.

Dios puso a Adán justo en el medio ambiente de su presencia y gloria. Él nunca le dijo a Adán: "Quiero que busques Edén". Él lo colocó allí. No le dio ninguna opción porque aquel era el único medio ambiente en el cual podía sostenerse y prosperar. Y en ese ambiente, Dios se reveló a la humanidad y le mostró sus caminos.

<u>DEFINICIÓN CLAVE:</u> Edén era un sitio en la tierra, por un momento en el tiempo, donde la presencia de Dios era una puerta al cielo.

Parte II: La vida fuera de la gloria de Dios

11. ¿Qué mandamiento le dio Dios a Adán (y a través de él, a Eva) con respecto a su medio ambiente, incluyendo la consecuencia de violarlo? (Génesis 2:16–17)

    _____

    _____

    _____

12. (a) El enemigo de Dios, el diablo, que tomó forma de serpiente, tentó a los primeros seres humanos a violar el mandamiento de Dios. (Vea Génesis 3:1–6). ¿Cómo respondieron ellos? (Génesis 3:6b)

    _____

    _____

    (b) ¿Cuáles fueron las motivaciones de Eva para sus actos? (Génesis 3:6a)

    _____

    _____

13. (a) ¿Qué le dijo la serpiente a Eva que pasaría y que no pasaría si ella comía del fruto del árbol de la ciencia del bien y del mal? (Génesis 3:4–5)

    _____

    _____

(b) Adán y Eva ¿ya eran como Dios? Si era así, ¿de qué manera? (Génesis 1:26a, 27a)

_____

(c) ¿Murieron Adán y Eva después de comer del fruto del árbol de la ciencia del bien y del mal, como Dios les había dicho que sucedería? (Génesis 5:5; Romanos 5:12)

_____

14. (a) ¿Cuál fue el resultado inmediato para Adán y Eva después de comer el fruto de aquel árbol? (Génesis 3:7a)

_____

(b) ¿Cómo reaccionaron ante este descubrimiento? (Génesis 3:7b)

_____

(c) ¿Cómo reaccionaron Adán y Eva ante la presencia de Dios después de que habían desobedecido su mandato? (Génesis 3:8b)

_____

La presencia de Dios —su gloria— no es un "lugar", sino un medio ambiente.

15. ¿En qué estado se encuentran los seres humanos cuando están separados de Dios? (Efesios 2:1b)

_____

16. Dios les habló a Adán y a Eva de las diferentes consecuencias y maldiciones que caerían sobre ellos debido a su acto voluntario de desobediencia (vea Génesis 3:16–19). ¿Qué otra acción tomó Él con respecto al medio ambiente en el que Adán (y Eva) vivían? Complete lo siguiente:

Génesis 3:23a (NVI): *"Dios el SEÑOR* _____ _____ _____

_____ _____ _____ _____ _____ _____…*."*

17. ¿Qué puso Dios al este del huerto para guardar el camino al árbol de la vida, para que Adán y Eva, en su estado actual, no pudieran volver y comer del mismo? (Génesis 3:24b)

   _____

18. ¿Cuál ha sido el comportamiento y la condición de los seres humanos desde la desobediencia y el exilio de Adán y Eva del huerto de Edén? (Romanos 3:23)

   _____

19. Miles de años después de Edén, la nación de Israel experimentó una trágica pérdida, cuando el arca del pacto —el lugar donde Dios eligió para manifestar su presencia a su pueblo— fue capturada por los filisteos. ¿Qué afirmación hizo la nuera de Elí, el sacerdote, que tanbién describe el rechazo de la humanidad a Dios en el huerto y la consecuente pérdida de su presencia? (1 Samuel 4:21a)

   _____

El pecado causó la caída del hombre de la gloria de Dios y que fuera exiliado de su presencia.

20. Dios hizo una declaración a la serpiente (el diablo) que fue la primera de muchas promesas que le haría con respecto a la venida del Mesías, el Redentor de la humanidad. El Mesías derrotaría al diablo y restauraría al ser humano a su gloria perdida. ¿Cuáles son las palabras de esta primera promesa mesiánica? (Génesis 3:15)

   _____

   _____

REFLEXIONES ACERCA DE LA GLORIA PERDIDA

La presencia de Dios es pura, no contaminada, santa. El ser humano, en esencia, no cayó de un lugar físico; cayó de la presencia de Dios, del medio ambiente de la gloria. Por tanto, la humanidad, como un todo, ha carecido de su gloria a partir de ese día. La existencia de los seres humanos bajo la maldición del pecado es una vida sin relación con Dios y sin el potencial de vida en su gloria. Por nuestra cuenta no somos capaces de vivir de acuerdo a la alta existencia para la que fuimos creados.

Cuando Adán y Eva pecaron, sus espíritus —la esencia de quiénes eran como seres humanos hechos a la imagen de Dios— murieron. Además, comenzaron a morir físicamente. Si algo es quitado de su ambiente natural, no hay que matarlo; morirá por su cuenta. Por ejemplo, si saca un pez fuera del agua, morirá lentamente por sofocación. Del mismo modo, si arranca una planta de la tierra y la pone sobre el suelo, pronto se secará y morirá por falta de agua y nutrientes. En el caso de Adán y Eva, ellos se quitaron a sí mismos de la presencia de Dios al elegir ir en contra de su voluntad y buscar vivir fuera de los parámetros de su gloria y protección. Y pensar que Dios creó a la humanidad para que viviera en su gloria; ése fue su plan desde el principio. Aquí está la razón por la cual el ser humano muere cuando es separado de su presencia. ¡Es el medio ambiente para el cual fue diseñado! Fuimos creados para tener la gloria de Dios en nuestro interior y ser rodeados por la gloria de su presencia.

Aquello que es creado no puede vivir independientemente del
ambiente dado por Dios, porque morirá.

---

21. Dios desea que los seres humanos sean su propio "huerto", el lugar donde su gloria habita y a través de quienes cumple sus propósitos en el mundo. En el Antiguo Testamento, ¿cómo se describen la *"casa de Israel"* y los *"hombres de Judá"*? (Isaías 5:7a)

_____

_____

22. (a) En el Nuevo Testamento, ¿cómo se llamó Jesús a sí mismo, usando una imagen similar? (Juan 15:1a)

_____

(b) ¿Cómo llamó al Padre celestial? (Juan 1:1b)

_____

23. (a) ¿Qué somos nosotros en relación con Jesús, *"la vid"*? (Juan 15:5a, NVI)

_____

(b) ¿Qué produciremos nosotros si permanecemos en Jesús y Él en nosotros, lo cual nos habilita para vivir en la presencia y gloria de Dios? (Juan 15:5b)

_____

24. (a) ¿Qué dicen las Escrituras acerca de aquellos que son continuamente guiados por Dios? Complete lo siguiente:

Isaías 58:11b: *"*[Tú] *serás como* _____ _____

_____, *y como* _____ _____

_____, *cuyas* _____ _____ _____*"*.

(b) ¿Qué afirmación hizo Jesús acerca de sí mismo como el proveedor de esta vida perpetua y próspera? (Juan 7:38)

_____

_____

La gloria de Dios fue el medio ambiente original donde vivía la raza humana, y es el medio ambiente al cual debemos volver si queremos tener vida espiritual abundante.

Conclusión

La maravillosa existencia del ser humano en la gloria de Dios —la atmósfera para la cual fue creado— no perduró. Adán y Eva pecaron al escoger rebelarse contra las instrucciones de Dios. Como resultado, fueron desconectados de su vida y separados de la plenitud de su gloria. Como hemos visto, cayeron *"de la gloria de Dios"* (Romanos 3:23).

Adán y Eva perdieron la presencia tangible de Dios cuando lo desobedecieron. Es triste cuando su presencia se va; y es lamentable observar hoy a creyentes, iglesias y ministerios que "sobreviven" sin ella, con la apariencia de santidad y piedad. En la superficie todo se ve bien, pero la verdad es que la presencia de Dios no está dentro. Cuando usted ve una iglesia donde nadie se salva, la gente no es cambiada y transformada, no se exhorta a la santidad, los milagros, las sanidades y el poder de Dios no existen, y la presencia de Dios ya no es evidente, significa que ese lugar está sin gloria, lo cual equivale a la muerte.

Dios está en todas partes, todo el tiempo, pero no se manifiesta de manera tangible en cualquier lugar de la tierra hoy en día. Él se manifiesta donde es bienvenido, donde la gente está en buena relación con Él a través de Jesucristo, y donde se busca su gloria. Edén era un medio ambiente que conformaba un "portal" al cielo porque ahí Dios manifestaba su gloria a los seres humanos, hechos a su imagen, que estaban en amistad no quebrantada con Él. La presencia de Dios con la humanidad era verdaderamente el cielo en la tierra. Es tiempo de que todos nosotros busquemos diligentemente la manifestación de su gloria una vez más, para que podamos recibir la misma vida de Dios y seamos transformados a su imagen (vea 2 Corintios 3:17–18).

Oración de activación

Padre de gloria, perdónanos por las veces que hemos actuado como Adán y Eva —yendo por nuestro propio camino, viviendo para nosotros mismos, sin confiar en ti y en tu Palabra—. Derrama tu Espíritu en nuestros corazones, ahora, mientras te buscamos a ti y tu gloria en nuestras vidas. Transfórmanos a tu imagen, para que tus pensamientos sean nuestros pensamientos y tus caminos, nuestros caminos. Que podamos experimentar tu presencia de manera tangible, porque la tierra está llena de tu gloria. Actívanos para tu servicio, a través de tu Espíritu. En el nombre de Jesús, amén.

Pasos para la acción

+ Piense cómo usted se siente o reacciona en la presencia de Dios cuando lo ha desobedecido o no ha hecho lo que Él le pidió que hiciera. ¿Trata de esconderse de Él como Adán y Eva? ¿Pudieron ellos esconderse de Dios? Lea 1 Juan 1:8–9 para recordar cómo quiere Él que usted responda cuando peca. Entonces, confiese sus pecados y reciba su amoroso perdón.

+ Aprenda el siguiente pasaje de memoria y repítalo cada mañana:

Yo soy la vid, vosotros los pámpanos; el que permanece en mí, y yo en él, éste lleva mucho fruto; porque separados de mí nada podéis hacer. El que en mí no permanece, será echado fuera como pámpano, y se secará; y los recogen, y los echan en el fuego, y arden. Si permanecéis en mí, y mis palabras permanecen en vosotros, pedid todo lo que queréis, y os será hecho. En esto es glorificado mi Padre, en que llevéis mucho fruto, y seáis así mis discípulos.

(Juan 15:5–8)

EXPERIENCIAS CON LA GLORIA DE DIOS

Liberación de adicciones y depresión

Nosotros llegamos devastados al Ministerio El Rey Jesús, invitados por un amigo. Nuestro hijo, David, había pasado un día en prisión por un problema de drogas y mal comportamiento; debido a esto, había perdido una beca en Nova School of Medicine (una escuela de medicina). Cuando llegamos al estacionamiento de la iglesia, de repente, sentimos una presencia sobrenatural invadir nuestro vehículo. Mi hijo comenzó a llorar y sollozar mientras le pedía perdón a Dios. Mi esposa comenzó a llorar y temblar. Yo estaba paralizado y asombrado. Si esto pasaba en el estacionamiento, la primera vez que visitábamos la iglesia, entonces ¿qué iba a suceder cuando entráramos a la iglesia? Treinta minutos después, pudimos bajar del vehículo. Como resultado de nuestra visita a la iglesia, David fue transformado. Dios lo liberó y lo convirtió en evangelista a los drogadictos, líder de Casa de Paz (el ministerio de reuniones en las casas de la iglesia), miembro del equipo de evangelismo de la universidad, guerrero de intercesión y un ejemplo para muchos de sus antiguos amigos. Por mi parte, yo había descuidado mis relaciones con Dios y con mi familia debido al alcoholismo. El Señor me liberó de esta adicción y me reconcilié con Él. Dios también restauró mi matrimonio. Mi esposa, Joy, fue liberada de depresión y dependencia a los antidepresivos. Esta experiencia de primera mano transformó nuestras vidas y nos dio propósito. Le dio un nuevo destino a mi familia y a mis futuras generaciones.

EL SEÑOR DE LA GLORIA VINO A LA TIERRA

"E indiscutiblemente, grande es el misterio de la piedad: Dios fue manifestado en carne, justificado en el Espíritu, visto de los ángeles, predicado a los gentiles, creído en el mundo, recibido arriba en gloria".
—1 Timoteo 3:16

Introducción

A pesar de que la humanidad le dio la espalda a su Creador, Dios *"no* [quiso] *que ninguno perezca, sino que todos procedan al arrepentimiento"* (2 Pedro 3:9). Él proveyó un camino para fuéramos restaurados a Él y a su gloria, implementando un plan de acción para rescatarnos, el cual incluía: (1) Dios el Hijo, Jesucristo, viniendo a la tierra a nacer como un ser humano y vivir sin pecado alguno; (2) Jesús muriendo en nuestro lugar como nuestro sustituto, llevando el castigo por nuestro pecado; (3) Jesús siendo levantado de la muerte y ascendiendo al cielo, conquistando así el pecado y la muerte. Con el derramamiento de su sangre, Jesús nos redimió del pecado y la enfermedad; y con su resurrección nos dio acceso a la eternidad, llevando nuestro espíritu de muerte a vida. ¡La gloria de Dios está en nosotros! La sangre expiatoria de Jesús nos da acceso al Padre y reconecta nuestro espíritu con su presencia, mientras nuestro cuerpo espera ser completamente redimido de la muerte (vea 1 Corintios 15:42–45).

El plan de salvación demuestra que, aunque el ser humano pecó, el propósito de Dios se llevará a cabo de acuerdo a este ciclo: la gloria de Dios estaba presente en el principio de la creación, y se manifestará poderosamente en los últimos días; será visto en nuestro tiempo. La obra redentora de Jesús nos permite vivir una vez más de acuerdo a la gloria de Dios en espíritu, en alma (mente, voluntad y emociones) e incluso, en el cuerpo. Puede que no sea fácil, pero iremos *"de gloria en gloria"* (2 Corintios 3:18) si creemos y perseveramos.

Preguntas de estudio

Parte I: La gloria de Jesús en la eternidad

1. Poco después de la muerte sacrificial de Jesús en la cruz, ¿con qué gloria le pidió al Padre que lo glorificara? (Juan 17:5b)

   _____

2. (a) ¿Cuándo fue predestinado Jesús para su misión divina de venir a la tierra como hombre y ser el Redentor de la humanidad? (1 Pedro 1:20a)

   _____

   (b) ¿En qué momento vino Jesús a la tierra para cumplir su misión, y por quiénes vino? Complete lo siguiente:

   1 Pedro 1:20b–21a: "… *pero manifestado* _____ _____

   _____ _____ _____ _____ _____ _____

   _____ _____ _____ _____ _____ _____

   _____ _____ _____ _____". ".

   (c) ¿Qué hizo Dios por Jesús luego de que Él completara su misión? (1 Pedro 1:21b)

   _____

3. ¿Con qué título se refirió a Jesús el apóstol Pablo, reconociendo su origen divino y su gloria? (1 Corintios 2:8b)

   _____

REFLEXIONES ACERCA DE JESÚS COMO EL RESPLANDOR DE LA GLORIA DE DIOS

Cuando Jesucristo vino a la tierra a ser nuestro Salvador, era la mayor expresión de la manifestación de la gloria de Dios en el mundo. *"El cual, siendo el resplandor de su gloria, y la imagen misma de su sustancia, y quien sustenta todas las cosas con la palabra de su poder, habiendo efectuado la purificación de nuestros pecados por medio de sí mismo, se sentó a la diestra de la Majestad en las alturas"* (Hebreos 1:3).

Jesús hizo las siguientes afirmaciones: *"Yo y el Padre uno somos"* (Juan 10:30). *"El Padre está en mí, y yo en el Padre"* (Juan 10:38). *"El que me ha visto a mí ha visto al Padre…el Padre que mora en mí, él hace las obras"* (Juan 14:9–10). Jesús nos llevó a conocer al Padre a través de su carácter, virtudes y conducta. Verlo a Él era ver el resplandor y la imagen del Padre. Su sustancia (esencia) era su gloria, y oírlo a Él era lo mismo que oír al Padre.

DEFINICIÓN CLAVE: Cuando nos referimos a Jesús, la palabra griega *doxa*, en el Nuevo Testamento, que significa "gloria", alude a la majestuosa realeza del Mesías —siendo éste el mayor nivel de exaltación y la condición a la que el Padre elevó a Jesús después de que completara su propósito en la tierra, derrotando a Satanás y la muerte—.

Parte II: La gloria de Jesús en la tierra

4. (a) Según lo que los ángeles expresaron después de anunciar el nacimiento a los pastores, ¿qué le llevó a Dios el nacimiento de Jesús como ser humano? Complete lo siguiente:

    Lucas 2:14a: "¡_____ a Dios en las alturas…!".

    (b) ¿Qué le dio al hombre el nacimiento de Jesús?

    Lucas 2:14b: "¡…y en la tierra _____, _____ _____

    para con los hombres!"

5. ¿Cómo describe Lucas las obras de Jesús, tales como sanar y liberar a la gente de la opresión de Satanás? Complete lo siguiente:

    Lucas 13:17b: "…pero todo el pueblo se regocijaba por todas las cosas

    _____ hechas por él".

6. ¿Qué recibió Jesús de parte de Dios, el Padre, cuando fue transfigurado delante de sus discípulos, Pedro, Jacobo y Juan (vea Mateo 17:1–9; Lucas 9:28–36)? (2 Pedro 1:17a)

    ---

7. ¿Qué proclamó la gente cuando Jesús hizo su entrada triunfal en Jerusalén —un evento que conmemoramos hoy el domingo de Pascua—? (Lucas 19:38)

_____

_____

8. ¿Qué dijo Jesús de sí mismo poco después de su crucifixión? (Juan 13:31)

_____

9. Jesús, ¿para qué le pidió al Padre que lo glorificara? (Juan 17:1b) Elija una de las siguientes opciones circulando la letra correspondiente:

    (a) para sentirse bien consigo mismo

    (b) para probar que Él era mejor que quienes lo rodeaban

    (c) para poder glorificar al Padre

    (d) para escapar de la crucifixión

***La tentación de probarse usted mismo no es una razón
válida para manifestar el poder y la gloria de Dios.***

---

10. (a) ¿Qué logró Jesús para el Padre a través de su ministerio? (Juan 17:4a)

    _____

    (b) ¿De qué manera lo hizo? (Juan 17:4b)

    _____

Parte III: La gloria de Jesús dada al hombre

11. ¿Con qué fue coronado Jesús por sufrir y morir por nosotros? (Hebreos 2:9)

    _____

12. ¿Qué le sucedió a Jesús después de su resurrección? Complete lo siguiente:

1 Timoteo 3:16: *"Dios fue manifestado en carne,...creído en el mundo,* _____

_____ _____ _____*"*.

13. (a) Antes de que Jesús ascendiera al cielo, ¿qué potestad le había dado el Padre y con qué propósito se la había dado? (Juan 17:2)

_____

_____

(b) ¿Qué es la vida eterna? (Juan 17:3)

_____

_____

Jesús es la más alta expresión de Dios a la humanidad,
la revelación y manifestación completas de la gloria del Padre.

---

14. (a) Escriba la gloria específica que Jesús les ha dado a sus seguidores. (Juan 17:22a)

_____

(b) ¿Qué desea Jesús para todos aquellos que el Padre le dio a Él? (Juan 17:24a)

_____

_____

15. ¿En qué se convirtió Jesús, por nosotros, cuando lo recibimos? Complete lo siguiente:

1 Corintios 1:30: *"Cristo Jesús, el cual nos ha sido hecho* _____

_____ _____, _____

_____ *y* _____*"*.

16. ¿Para la gloria de quién predestinó, Dios, la *"sabiduría oculta"* que reveló en Cristo? (1 Corintios 2:7b)

_____

17. En una clase anterior aprendimos que cuando Dios perfeccionó al capitán de la salvación (Jesús) a través del sufrimiento, estaba haciendo algo específico por sus *"muchos hijos"*. ¿Qué estaba haciendo? (Hebreos 2:10)

_____

REFLEXIONES SOBRE LA GLORIA RECUPERADA

En la cruz, Jesús se convirtió en el recipiente de todos los pecados cometidos por la humanidad; se hizo como cualquier otro ser humano —cargando nuestra iniquidad y rebelión—. Aunque nació sin pecado y nunca pecó, Él se hizo pecado por voluntad propia, por amor a nosotros, conformándose así a nuestra naturaleza, para que *"fuésemos hechos justicia de Dios en él"* (2 Corintios 5:21). Dejó atrás su gloria celestial para alcanzarnos en nuestra naturaleza caída. Sin embargo, al resucitar, recuperó su gloria y se la dio de vuelta a su pueblo para que éste pudiera ser transformado y formado de acuerdo a la gloria del Padre.

Jesús se conformó a nuestra imagen para que nosotros pudiéramos ser transformados a su semejanza.

18. ¿Por qué Dios, que mandó que de las tinieblas resplandeciera la luz, resplandeció en nuestros corazones? (2 Corintios 4:6b)

_____

_____

19. ¿Qué deberíamos desear que otros experimenten del mismo modo que nosotros lo hemos hecho? Complete lo siguiente:

2 Corintios 4:4b: *"…les* _____ *la luz del evangelio de la gloria de Cristo, el cual es la imagen de Dios".*

20. ¿Qué frase escribió Pablo en su segunda carta a los corintios enfatizando que es la gloria de Dios viviendo en su pueblo la que hace las obras y no ellos mismos? (2 Corintios 4:7)

_____

_____

21. ¿Qué afirmación comparativa del Antiguo Testamento citó Pablo en su primera carta a los corintios? (1 Corintios 1:31)

_____

22. ¿Qué es *"la esperanza de gloria"*? (Colosenses 1:27b)

_____

23. Dado que el entendimiento de los efesios fue alumbrado por el espíritu de sabiduría y revelación en el conocimiento de Dios, ¿qué quería Pablo que ellos supieran? (Efesios 1:18b–19a)

_____

_____

_____

Conclusión

Dios el Hijo dejó su gloria, por derecho, en el cielo, para venir a la tierra como hombre, sólo para recibir aquella gloria de vuelta por haber obedecido al Padre, hacer milagros y otras obras en nombre del Padre, y haber cumplido su misión terrenal. Jesús hizo esto para que, de manera paralela, la gloria que se nos había dado en la creación —y que luego perdiéramos— nos pudiera ser devuelta al vivir nosotros en Él y Él en nosotros.

En Cristo, todos somos portadores de un "Edén portátil"; dondequiera que vamos llevamos su gloria porque el Espíritu Santo mora en nosotros. Tenemos acceso a nuestro medio ambiente original —la presencia de Dios— a través de la sangre de Jesús. Cuando volvemos a nuestro verdadero ambiente, tenemos verdadera vida. Jesús dijo: *"Yo soy el camino, la verdad y la vida"* (Juan 14:6), y *"El que permanece en mí, y yo en él, éste lleva mucho fruto; porque separados de mí nada podéis hacer"* (Juan 15:5).

Recuerde, usted fue hecho para la gloria; para existir continuamente en la presencia de Dios a lo largo de su vida. Si bien el Espíritu Santo ya mora dentro de los creyentes, debemos buscar activamente a Dios y su gloria, a través de la adoración, la alabanza, rendirnos a su voluntad y fe. ¿Por qué? Jesús dijo: *"El espíritu a la verdad está dispuesto, pero la carne es débil"* (Mateo 26:41; Marcos 14:38). Hasta el día en que volvamos a vivir en gloria ininterrumpida, ¡debemos buscar la gloria de Dios diariamente!

Oración de activación

Padre de la gloria, te alabamos porque, a través de Jesús vivimos en tu presencia y caminamos otra vez de acuerdo con tu gloria. Permite que nuestra vida entera te glorifique como lo hizo la de Jesús, completando la obra que nos has dado en la tierra. Tener vida eterna es conocerte como el verdadero Dios, y conocer a Jesucristo, a quien tú enviaste. Jesús es nuestra sabiduría, nuestra justicia, nuestra santificación y nuestra redención. Impártenos la luz del conocimiento de la gloria de Dios en el rostro de Jesucristo. Glorifícate en nosotros, ¡oh Señor! Déjanos ver tu gloria. Decimos, como los ángeles dijeron: "¡Gloria a Dios en las Alturas!". ¡Amén!

Pasos para la acción

+ Pídale a Dios que alumbre los ojos de su entendimiento para que pueda conocer la esperanza de su llamado, las riquezas de la gloria de su herencia en los santos, y la supereminente grandeza de su poder para usted. (Vea Efesios 1:18–19).

+ Ore por varias personas que usted sabe que necesitan a Jesús, pidiéndole al Padre que ablande sus corazones para que puedan recibir la luz del evangelio de la gloria de Cristo, a través del ministerio del Espíritu Santo. Luego, pídale a Dios que cree una oportunidad de compartir el evangelio con ellos, y confíe en Él para que se les revele.

EXPERIENCIAS CON LA GLORIA DE DIOS

Milagrosa sanidad de SIDA

En Medellín, Colombia, hay una mujer llamada Johanna que trabaja en instituciones para niños huérfanos, sin hogar e infectados con SIDA. Hace un año, cuando visitó el

Ministerio El Rey Jesús, ella aceptó a Jesús como su Señor y Salvador. Allí, fue entrenada para moverse en el poder sobrenatural de Dios. Cuando volvió a Colombia y al orfanato donde trabajaba conoció a Xiomara, una beba de cuatro meses que había sido diagnosticada con VIH-positivo. El amor de Dios vino sobre Johanna y ella comenzó a orar por la niña, rompiendo la maldición que había venido sobre ella por su línea sanguínea. Al hacerlo, sintió el poder de Dios y supo que Él había hecho algo sobrenatural. Semanas más tarde, después de una serie de exámenes, Xiomara fue declarada totalmente sana y fue puesta para adopción. Johanna vio este milagro suceder frente a sus ojos y, hoy, esa pequeña vive en un hogar hermoso con padres que la aman. Algo similar sucedió con Laura, una niña de dos años que había sido abandonada por su madre —una prostituta de dieciséis años de edad—. Los médicos decían que no tenía esperanza de recuperación, pero Johanna oró por ella también, y el poder de Dios obró un milagro restaurando su sistema inmunológico y erradicando la infección viral. Las últimas tres veces que fue examinada, los resultados fueron negativos. Los médicos declararon sana a la pequeña y fue dada en adopción.

Estudio 4

LA PRESENCIA MANIFESTADA DE DIOS

"¿Quién como tú, oh Jehová, entre los dioses? ¿Quién como tú, magnífico en santidad, te-
rrible en maravillosas hazañas, hacedor de prodigios?".
—Éxodo 15:11

Introducción

La gloria de Dios es el ámbito de la eternidad; infinito, ilimitado, sin restricciones. Es más allá de la imaginación humana. La gloria *manifestada* de Dios es la eternidad revelada en la tierra. Es el impacto de su marca poderosa e inolvidable, vista y oída en el mundo natural.

En el Antiguo Testamento vemos la gloria de Dios manifestada entre los israelitas, y en el Nuevo Testamento, la vemos manifestada entre los judíos y gentiles creyentes en su Hijo Jesucristo. El pueblo de Dios experimentó la manifestación de la gloria muy de cerca. A menudo aparecía en forma de nube, conocida como la *shekiná*. Ésta es una palabra hebrea que se refiere a "la morada de Dios" o "el lugar donde Dios descansa"; describe la eminente presencia de Dios que trasciende el ámbito espiritual y se manifiesta en el mundo físico. La *shekiná* está relacionada con la inmediata e íntima actividad de Dios, el resplandor del Señor presente en el ahora, en acción, dándose a conocer.

A veces, Dios revela su *shekiná* gloria al ser humano a través de fenómenos físicos, como el fuego o las nubes. En otras ocasiones, Él revela su *kabód* o *doxa* gloria —un aspecto de su naturaleza, atributos e infinita perfección—. En su soberanía, Él toma la iniciativa y decide qué aspecto de sí mismo revelar. De una cosa podemos estar seguros: la voluntad de Dios siempre ha sido morar entre su pueblo y manifestarse a la humanidad.

En esta clase, repasaremos algunos ejemplos del Antiguo y del Nuevo Testamentos en los cuales la presencia de Dios fue revelada a los seres humanos.

Parte I: Las manifestaciones en el Antiguo Testamento

1. En su repaso por la historia de la nación de Israel, Esteban, ¿cómo describió el llamado del patriarca Moisés, el padre de todos los que creen? Complete lo siguiente:

   Hechos 7:2–3: "…oíd: _____ _____ _____ _____

   _____ _____ _____ _____

   _____,…y le dijo: Sal de tu tierra y de tu parentela, y ven a la tierra

   que yo te mostraré".

2. (a) ¿Cómo le reveló Dios su presencia a Moisés de manera tangible para llamar su atención y asignarle una tarea especial? (Éxodo 3:2)

   _____

   _____

   (b) ¿Cuál fue la tarea con que Dios comisionó a Moisés? (Éxodo 3:10)

   _____

3. (a) ¿De qué doble manera les reveló Dios su *shekiná* gloria, o su presencia manifestada, a los israelitas durante sus cuarenta años en el desierto? (Éxodo 13:21)

   _____

   (b) Además de ser un recordatorio de que Dios estaba siempre con su pueblo, ¿qué propósito práctico proveyeron estas manifestaciones? (Éxodo 13:21)

   _____

   _____

(c) ¿Qué sucedió después de que Moisés terminara el tabernáculo, el lugar de adoración para los israelitas? (Éxodo 40:34)

_____

_____

(d) ¿Cómo respondieron los israelitas a la columna de nube y a la columna de fuego mientras seguían la dirección de Dios en su travesía? (Éxodo 40:36–37)

_____

_____

4. Según la descripción del salmista, ¿cuál era la función de la nube? (Salmos 105:39a)

_____

DEFINICIÓN CLAVE: Una manifestación es una demostración sobrenatural que puede ser percibida por los sentidos humanos.

5. (a) ¿Qué manifestaciones físicas tomaron lugar cuando Dios se reveló a los israelitas poco después de darles la Ley a través de Moisés? (Éxodo 19:16)

_____

_____

(b) Describa la apariencia del Monte Sinaí. ¿Por qué se veía de ese modo? (Éxodo 19:18)

_____

_____

(c) ¿Cómo respondió Dios después de que Moisés habló? (Éxodo 19:19b)

_____

6. Describa lo que vieron Moisés, los líderes y los ancianos de Israel cuando Dios se les reveló. (Éxodo 24:10b)

_____

_____

7. (a) ¿Desde dónde le habló Dios a Moisés en el tabernáculo? (Éxodo 25:22a; Números 7:89)

_____

(b) ¿Dónde dijo el salmista que Dios habita? (Salmos 80:1)

_____

8. (a) ¿Qué pedido le hizo Moisés a Dios? (Éxodo 33:18)

_____

(b) ¿Qué le dijo Dios a Moisés que podía y no podía experimentar de Él? (Éxodo 33:19a, 23)

_____

_____

9. ¿Cómo se veía el rostro de Moisés después de haber estado en la presencia del Señor y haber hablado con Él? (Éxodo 34:29b–30)

_____

DEFINICIÓN CLAVE: En su _soberanía_, como se demuestra en las manifestaciones de su gloria, Dios hace lo que quiere, donde quiere y como quiere, sin la participación del hombre. Es Dios haciendo sus propias obras.

10. (a) ¿Cómo dio a conocer, Dios, su presencia cuando Salomón comenzó la dedicación del nuevo templo en Jerusalén? (2 Crónicas 5:13b–14)

_____

_____

(b) ¿Qué manifestaciones ocurrieron después de que Salomón terminara su oración al Señor? (2 Crónicas 7:1)

_____

_____

(c) ¿Cómo respondieron, Salomón y los demás israelitas, a estas manifestaciones? (2 Crónicas 7:3–4)

_____

_____

11. (a) ¿Qué fenómenos físicos oyó y vio el profeta Elías en la montaña, antes de que oyera la voz del Señor cuando pasaba? (1 Reyes 19:11b–12a)

_____

_____

(b) ¿Estaba el Señor *"en"* estas manifestaciones particulares en ese momento? (1 Reyes 19:11b–12a)

_____

(c) ¿De qué manera específica le habló Dios a Elías, después del fuego? (1 Reyes 19:12b)

_____

(d) ¿Qué hizo Elías para cubrirse cuando supo que estaba en la presencia del Señor? (1 Reyes 19:13a)

_____

_____

Cuando Dios nos habla, puede que lo haga con voz audible o que hable a nuestro corazón.

12. ¿De qué manera manifestó el Señor su gloria al recibir al profeta Elías en el cielo sin que éste experimentara la muerte? (2 Reyes 2:11b)

_____

_____

13. (a) Describa lo primero que vio el profeta Isaías en su visión del Señor sentado en su trono celestial. (Isaías 6:1)

_____

(b) ¿Qué había sobre el trono? (Isaías 6:2)

_____

(c) ¿Qué se decían el uno al otro? (Isaías 6:3)

_____

_____

(d) ¿Qué (dos) cosas pasaron después de que ellos clamaron? (Isaías 6:4)

_____

14. (a) ¿Qué dijo Isaías después de ver la visión? (Isaías 6:5)

_____

_____

(b) ¿Cómo pudo sostenerse Isaías, en la presencia de Dios, a pesar de ser pecador? (Isaías 6:6–7)

_____

_____

_____

(c) ¿Qué dijo el Señor inmediatamente después de que el pecado de Isaías fuera limpiado, y cómo respondió Isaías? (Isaías 6:8)

_____

_____

15. (a) El profeta Ezequiel también tuvo una visión de Dios en su trono, manifestando su gloria. ¿Con qué joya comparó la apariencia de la *"figura de un trono"*? (Ezequiel 1:26a)

_____

(b) ¿Qué vio Ezequiel sobre la figura del trono, *"sentado sobre él"*? (Ezequiel 1:26b)

_____

(c) ¿Cómo describe la apariencia del *"hombre"*? (Ezequiel 1:27–28a)

_____

_____

_____

16. (a) ¿Cómo explica Ezequiel esta semejanza? Complete lo siguiente:

Ezequiel 1:28b: *"Esta fue la visión de* _____ _____ _____

_____ _____ _____ _____*"*.

(b) ¿Qué hizo Ezequiel cuando vio esta visión, y qué oyó? (Ezequiel 1:28b)

_____

(c) ¿Cuál era el propósito del Señor al hablarle? (Ezequiel 2:3–4)

_____

_____

17. ¿Qué manifestaciones audibles de la gloria de Dios oyó el profeta Ezequiel después de que el Espíritu lo levantara? (Ezequiel 3:12–13)

_____

_____

_____

Dios está en todo lugar, pero no manifiesta su presencia en todo lugar.

Parte II: Las manifestaciones en el Nuevo Testamento

18. ¿De qué manera los pastores experimentaron la gloria de Dios cuando el ángel del Señor se les apareció y se paró frente a ellos para decirles que Jesús, el Salvador, había nacido? (Lucas 2:9b)

_____

19. (a) ¿Qué vio y oyó Jesús después de ser bautizado? (Mateo 3:16b–17)

_____

_____

_____

(b) ¿Qué detalle incluye el evangelio de Lucas acerca de la manera en que el Espíritu Santo descendió en forma de paloma? (Lucas 3:22a)

_____

20. (a) Combinando las descripciones de los recuentos de los dos evangelios, ¿cómo cambió la apariencia de Jesús mientras oraba en el monte, acompañado de Pedro, Jacobo y Juan, donde fue "transfigurado"? (Lucas 9:29; Mateo 17:2b)

_____

_____

(b) Algunos eruditos de la Biblia creen que el evangelio de Marcos está basado en las memorias del apóstol Pedro. ¿Qué palabras vívidas usó Marcos (tal vez las de Pedro) para describir cómo las ropas de Jesús cambiaron? (Marcos 9:3)

_____

(c) Durante la transfiguración, ¿qué personajes del Antiguo Testamento hablaron con Jesús acerca de su inminente crucifixión? (Lucas 9:30)

_____

(d) ¿Cómo se describe la aparición de ellos? (Lucas 9:31a)

_____

(e) ¿Cómo se manifestó Dios el Padre a Pedro, Jacobo y Juan durante la transfiguración, y qué les dijo? (Mateo 17:5)

_____

_____

_____

REFLEXIONES SOBRE LA TRANSFIGURACIÓN DE JESÚS

¿Por qué Jesús se transfiguró? ¿Cuál fue el propósito de que cambiara de ese modo, si Él era perfecto? Jesús había dejado de lado su gloria antes de venir a este mundo a ser un hombre. Por lo tanto, experimentó las mismas tentaciones que cualquiera de nosotros. Tenía un cuerpo físico y su naturaleza humana tenía la capacidad de pecar. De otra manera, las tentaciones que atravesó hubieran sido insignificantes. Antes de su transfiguración, Jesús había operado bajo la unción del Espíritu Santo, pero a través de esta manifestación, Dios les mostró a sus tres discípulos la gloria de Jesús; la misma gloria que estaba disponible para ellos. Cuando Jesús fue transfigurado, pudieron ver a Moisés y a Elías con Él. Yo creo que Moisés representa la Torá (la Ley) o el *lógos* (la Palabra escrita de Dios); Elías representa la iglesia, el poder de Dios y la palabra *jréma* (una palabra de Dios que habla a nuestras circunstancias presentes y está de acuerdo con las Escrituras); la nube representa la gloria, y Jesús representa el reino de Dios, tanto como la gloria primera y, a través de su resurrección, la gloria postrera.

En esencia, Dios les reveló a estos tres discípulos que Jesús traería su reino, su poder y su gloria. De otra manera, ¿cómo los discípulos hubieran sabido que las dos figuras paradas al lado de Jesús eran Moisés y Elías? En la presencia de Dios, la gente es conocida como es. En el momento de la transfiguración de Jesús, los discípulos pudieron ver quién era Él por dentro, de manera física, visible y tangible.

---

21. (a) ¿Qué manifestaciones se evidenciaron cuando Dios derramó su Santo Espíritu sobre los seguidores de Jesús el día de Pentecostés? (Hechos 2:2–3)

_____

_____

_____

(b) ¿Qué capacidad recibieron los seguidores de Jesús cuando fueron llenos con el Espíritu Santo? (Hechos 2:4b)

_____

(c) ¿Qué dijeron los devotos judíos, que estaban de visita en Jerusalén de diferentes naciones extranjeras, que oyeron hablar a los discípulos en sus propios idiomas? (Hechos 2:11b)

_____

22. (a) ¿Qué manifestaciones vio Esteban cuando miró al cielo durante su defensa ante el concilio? (Hechos 7:55b)

_____

(b) ¿Cuál era la condición espiritual de Esteban antes de esta visión? Complete lo siguiente:

Hechos 7:55a: *"Pero Esteban,* _____ _____ _____

_____*..."*.

23. (a) ¿Cómo experimentó Saulo (llamado luego Pablo) la gloria de Jesús en el camino a Damasco, cuando viajaba persiguiendo a los cristianos? (Hechos 9:3b–4)

_____

_____

_____

(b) ¿Qué efecto físico temporal provocó en Saulo esta experiencia? (Hechos 9:8a, 9a)

_____

(c) ¿Qué sucedió apenas Ananías, uno de los seguidores de Jesús, puso sus manos sobre Saulo? (Hechos 9:18a)

_____

(d) ¿Qué le había dicho Ananías a Saulo que le sucedería al mismo tiempo que recibiera la vista? (Hechos 9:17b)

_____

(e) ¿Qué hizo Saulo después de recibir la vista? (Hechos 9:18b)

_____

(f) Jesús se le había manifestado a Saulo para llamarlo con un propósito especial. ¿Cuál era ese propósito, el cual Dios le refirió a Ananías? (Hechos 9:15)

_____

_____

En la gloria de Dios toda necesidad es suplida.

24. (a) Mientras Pablo y Silas oraban y cantaban himnos a Dios, a medianoche, después de haber sido injustamente golpeados y encarcelados, ¿qué manifestación de Dios ocurrió de repente, revelando su presencia y poder a su favor? (Hechos 16:26)

_____

_____

(b) ¿Cómo respondieron el carcelero y su familia al testimonio de Pablo y Silas después de sentir y ver estas poderosas señales de Dios? (Hechos 16:33b, 34b)

_____

25. Cuando Juan fue confinado a la Isla de Patmos, estaba en el Espíritu del Día del Señor y recibió la *"revelación de Jesucristo"* (Apocalipsis 1:1), en la cual el Jesús resucitado fue representado en su gloria, de manera simbólica.

(a) ¿Cómo eran las ropas de Jesús, y cuál la apariencia de su cabeza, cabello, ojos y pies? (Apocalipsis 1:13b–15a)

_____

_____

(b) ¿Con qué comparó Juan la voz de Jesús? (Apocalipsis 1:15b)

_____

(c) ¿Qué tenía Él en la mano derecha, y qué salía de su boca? (Apocalipsis 1:16a)

_____

(d) ¿Cómo se describe su semblante? (Apocalipsis 1:16b)

_____

(e) Más adelante, en esta visión, ¿qué ocurre en el *"templo del tabernáculo del testimonio en el cielo"* (Apocalipsis 15:5) que evoca lo que sucedió cuando Moisés terminó el tabernáculo y Salomón dedicó el templo? (Apocalipsis 15:8a)

_____

Existen dimensiones de la gloria de Dios que pocos seres humanos pueden soportar.

Conclusión

Moisés sabía que la gloria de Dios era más que un concepto teológico; por eso le pidió a Dios que le *mostrara* su gloria —el aspecto más importante de su naturaleza—. El reino, el poder y la gloria de Dios son realidades celestiales que todo creyente puede experimentar ahora. Usted, ¿está experimentando la gloria de Dios en su vida? Usted necesita tener una revelación de la realidad de la gloria de Dios para poder ver sus manifestaciones. Entonces, al encontrarse con ella, será desafiado, transformado y encendido con pasión espiritual.

Como escribí en la introducción de este estudio bíblico, la simple "religión" nunca producirá una experiencia sobrenatural con Dios porque está vacía de la gloria y la vida del Señor. Debido a que la distinción entre la religión y la gloria de Dios es tan crucial, en el próximo estudio, aprenderemos cómo las actitudes religiosas entorpecen la manifestación de la presencia de Dios y cómo sobrepasar las prácticas religiosas para llegar a tener un encuentro con el Padre celestial. ¡No se quede en el mismo lugar! Hay más para usted en Dios de lo que está experimentando ahora.

Oración de activación

Padre de la gloria, te pedimos una revelación de tu majestad para poder conocerte de manera más profunda. Impártenos el mismo deseo ardiente de conocerte que Abraham y Moisés tuvieron. Muéstranos las manifestaciones de tu gloria y actívanos para dar a conocer tu gloria a todos a nuestro alrededor. En el nombre de Jesús, amén.

Pasos para la acción

+ ¿Ha presenciado alguna manifestación de la *shekiná* gloria de Dios? Si es así, escriba una descripción de esos encuentros con la presencia y la gloria de Dios, ya sea que los haya tenido solo o junto a otros creyentes. Exprese su gratitud a Dios por revelársele a usted, y pídale que continúe haciéndolo. Luego, comparta sus experiencias con la gloria de Dios con otras personas, para que ellas también puedan desear experimentar su presencia.

+ Dé un paso de fe y pídale a Dios que opere a través de usted para manifestar su gloria en el mundo. Ore que Él lo guíe para alcanzar a su familia y amigos para ministrarles salvación, sanidades y milagros, con la guía del Espíritu Santo.

EXPERIENCIAS CON LA GLORIA DE DIOS

Un milagro creativo de un nuevo riñón

El Pastor Guillermo Maldonado estaba predicando en una serie de reuniones en Rosario, Argentina. El último día de las mismas, mientras ministraba a más de 3.500 líderes de todo el país, descendió una manifestación de "fuego" sobre el auditorio. La *shekiná* gloria "quemaba" a los presentes. ¡Miles clamaban a Dios! Mientras esto ocurría, una joven pasó al altar a testificar. Ella había nacido sin el riñón izquierdo debido a una maldición generacional que venía de su abuelo a su madre y, de su madre a ella. Para empeorar el cuadro, había necesitado cirugía para restaurar el mínimo funcionamiento de su riñón derecho. Debido a esta condición, ella sólo podía orinar una o dos veces por día, aun bebiendo grandes cantidades de líquido.

El fuego de la gloria —la presencia de Dios— había descendido la primera noche de las reuniones, y esta joven había recibido su milagro entonces. Un calor intenso había atravesado el lado izquierdo de su cuerpo, haciendo su mayor impacto en el área del riñón. Esa noche, había tenido que orinar como diez veces. Al día siguiente, después de ser examinada, su médico confirmó que tenía un riñón izquierdo y que el derecho estaba funcionando perfectamente. ¡Éste fue un milagro creativo! La prueba irrefutable de que tenía dos riñones saludables eran sus incontables idas al baño. Impactada por su milagro, la muchacha pasó al frente, llorando y testificando aquella última noche de reuniones. Todos pudieron verla sobrecogida de emoción y profundo gozo. La presencia de Dios estaba sobre ella. Dios la había liberado de la maldición y la había sanado por completo.

Conocimiento natural y conocimiento revelado

"Porque el ocuparse de la carne es muerte, pero el ocuparse del Espíritu es vida y paz".
—Romanos 8:6

Introducción

"Porque en él vivimos, y nos movemos, y somos".   (Hechos 17:28)

Dios nos revela su gloria a través de la revelación —"visión, conocimiento y entendimiento espiritual—. Recibir revelación de Dios es un paso esencial para vivir de forma perpetua en la gloria de su presencia. *"Porque en él vivimos, y nos movemos, y somos"* (Hechos 17:28). Para entender lo que es la revelación, de modo que podamos recibirla, debemos tener en cuenta que existen dos tipos de conocimiento: (1) El conocimiento que viene a través de nuestros sentidos naturales —conocimiento mental, sensorial o natural— y (2) El conocimiento (y sabiduría) que viene directamente de Dios —conocimiento revelado o revelación espiritual—.

El primer tipo de conocimiento es científico, teórico y práctico; se experimenta por medio de los cinco sentidos: vista, oído, tacto, olfato y gusto. Es información o datos almacenables adquiridos del mundo natural, e implementados en el mismo. El conocimiento mental, sensorial o natural debe ser buscado; es un acto que demanda aprendizaje académico y disciplina. La gente que vive de a acuerdo a este tipo de conocimiento, muchas veces, cree sólo en lo que sus sentidos detectan y nada más.

Sin embargo, uno no puede conocer a Dios y su gloria sólo a través de información sensorial, si bien dicha información es vital para vivir en la dimensión natural de la tierra. Dios creó la dimensión terrenal, y aun se manifiesta en ella, pero no pertenece a la misma. Él está más allá de esta dimensión. Debemos aprender a distinguir entre los dos tipos de conocimiento y recibir el conocimiento revelado de Dios. Para ayudarnos a hacerlo, en esta clase, estudiaremos lo que dice la Biblia acerca de estos dos ámbitos del conocimiento y qué nos enseñan de Dios.

Preguntas de estudio

Parte I: Lecciones útiles del mundo natural

Si bien vivimos en un mundo caído, Dios usa nuestro medio ambiente físico en la tierra y los aspectos de nuestra vida diaria para revelarse a sí mismo y sus verdades. En las siguientes preguntas exploraremos varios ejemplos de este tipo de revelación divina.

1. Lección N° 1: Dios revela su majestad a través del mundo creado.

    (a) Como repaso de la clase 1, ¿qué anuncian los cielos? (Salmos 19:1a)

    _____

    (b) ¿Qué tan masivo es este anuncio? (Salmos 19:4)

    _____

    (c) ¿Qué pueden "ver" los seres humanos a través del mundo creado? (Romanos 1:20a)

    _____

    (d) ¿Cuáles son esas cosas o atributos? (Romanos 1:20a)

    _____

    _____

2. Lección N° 2: Dios nos muestra la sabiduría para nuestra vida por medio de las características de varios animales, los cuales Él creó para que habitaran nuestro mundo físico.

    (a) ¿Qué debería observar una persona vaga —y cualquiera que quiera adquirir sabiduría— acerca de cómo se maneja la hormiga? (Proverbios 6:6–8)

    _____

    _____

    (b) Si no somos diligentes en la provisión de nuestras necesidades básicas, como lo ilustra la hormiga —si dormimos cuando deberíamos estar trabajando, por ejemplo (ver Proverbios 6:10)— ¿qué nos puede pasar? (Proverbios 6:11)

    _____

3. Lección Nº 3: Dios utiliza el desarrollo natural y las cualidades de las plantas, tanto como los procesos de cultivo, para enseñarnos principios espirituales eternos.

(a) ¿Qué cualidades y efectos denotó Jesús del grano de mostaza que se siembra en la tierra, comparado con el reino de Dios? (Marcos 4:31b–32)

_____

_____

_____

(b) Utilizando la ilustración de plantar y recoger una siembra, ¿qué dijo el apóstol Pablo que una persona cosecharía? (Gálatas 6:7b)

_____

(c) ¿Qué recogeremos si sembramos para la carne, y qué si sembramos para el Espíritu? (Gálatas 6:8)

_____

4. Lección Nº 4: Dios usa analogías relacionadas con las habilidades y esfuerzos humanos para enseñarnos acerca de nuestra relación con Él.

(a) ¿Qué le dijo el Señor al profeta Jeremías que debía hacer antes de oír sus palabras? (Jeremías 18:2a)

_____

(b) Describa lo que Jeremías observó en la casa del alfarero. (Jeremías 18:3–4)

_____

_____

(c) ¿Cuál es el significado spiritual de esta ilustración? Complete lo siguiente:

Jeremías 18:6b: "…_como el_ _____ _en_ _____ _____ _____

_____, _así sois_ _____ _____ _____ _____, _O casa de Israel_".

La razón, el sentido común y la lógica sirven al alma como la revelación sirve al espíritu.

---

5. Lección Nº 5: Dios trata dichos proverbiales y experiencias humanas comunes con la gente para llevarla a pensar acerca de las realidades espirituales.

(a) Jesús refirió un dicho que citaban los granjeros después de que plantaban la semilla para la cosecha. ¿Cuál era ese dicho? (Juan 4:35a)

_____

(b) Con relación a este dicho, ¿qué nueva realidad espiritual quería Jesús que sus discípulos vieran, la cual dijo comenzando con las palabras *"He aquí os digo…"*? (Juan 4:35b)

_____

(c) ¿Qué dijo Jesús acerca del clima cuando le habló a la multitud? (Lucas 12:54–55, NVI)

_____

_____

_____

(d) ¿Qué punto le dio Jesús a la multitud a continuación de estos dichos, con el fin de advertirle de su descuido en los asuntos espirituales? (Lucas 12:56, NVI)

_____

_____

Parte II: Límites del conocimiento natural

Como hemos visto, los aspectos del mundo natural como el funcionamiento de las plantas y los animales son instructivos y útiles para adquirir sabiduría. Sin embargo, el conocimiento natural sólo nos puede llevar hasta aquí, especialmente cuando está influenciado por la naturaleza caída. Debemos recibir la revelación de Dios de varias maneras: a través de su Palabra, su Espíritu, sus dones y otros fenómenos espirituales, para entender realidades espirituales más profundas, de modo que conozcamos a Dios y su gloria y los manifestemos al mundo.

6. (a) Para repasar, ¿qué hicieron Adán y Eva creyendo que esto les expandiría el conocimiento de los asuntos divinos —una acción que envolvió desobedecer el mandato de Dios—? (Génesis 3:6)

     _____

     (b) Además de que deben haber sentido su falta y pérdida espirituales, ¿qué conocimiento obtuvieron inmediatamente? (Génesis 3:7a)

     _____

     (c) ¿Qué tipo de conocimiento era —conocimiento del ámbito físico o del ámbito espiritual—? (Génesis 3:7a)

     _____

7. (a) ¿Qué le dijo Jesús a Nicodemo que enfatiza que hay una distinción significativa entre los ámbitos natural y espiritual? (Juan 3:6)

     _____

     (b) ¿De qué dos entidades debemos "nacer de nuevo" (ver Juan 3:3) para llegar a ver y entrar en el reino de Dios? (Juan 3:5)

     _____

8. (a) ¿Pueden los sentidos físicos de la vista y el oído, o incluso el intelecto natural humano o su imaginación, saber lo que Dios tiene en mente para quienes lo aman? (1 Corintios 2:9)

     _____

     (b) ¿De qué manera obtiene el ser humano ese conocimiento? (1 Corintios 2:10a)

     _____

(c) ¿Qué han recibido los creyentes y qué *no*, para conocer lo que Dios les ha dado gratuitamente? (1 Corintios 2:12a)

_____

REFLEXIONES ACERCA DE LA MENTE DE LA HUMANIDAD CAÍDA

Cuando Adán y Eva desobedecieron a Dios, al comer del árbol del conocimiento del bien y del mal, en esencia lo que hicieron fue decidir depender más de su conocimiento natural que de su conocimiento espiritual. Como resultado de su pecado, su espíritu murió. Es más, pasaron de tener ambos conocimientos —natural y revelado— a tener sólo el conocimiento natural, el cual es mental y sensorial. El pecado destruyó su conexión con la Fuente espiritual y con el conocimiento espiritual. A partir de ese momento, comenzaron a considerar todo desde la perspectiva del conocimiento natural. Si usted basa su vida sólo en el conocimiento natural, lo que percibe es apenas una sombra de lo que realmente es. Su visión se ha distorsionado.

La falta de conocimiento revelado es una característica de la muerte espiritual porque no vivimos de acuerdo con la realidad espiritual. Cada vez que tratamos de confiar en el conocimiento natural para operar en lo sobrenatural, estamos en esencia comiendo del árbol del conocimiento del bien y del mal. El conocimiento natural nos da información, como hechos o datos, pero no posee la capacidad de efectuar una transformación duradera, porque viene de la mente caída del hombre, no de la mente de Dios. El conocimiento revelado suplanta todo análisis racional y lleva consigo el poder intrínseco de transformación.

_____

Parte III: *Las consecuencias de la falta de conocimiento revelado*

9. ¿Cuál fue la consecuencia suprema para Adán y Eva después de haber desobedecido y haber sido cortados de su Fuente espiritual? (Génesis 3:19b; Romanos 6:23a)

_____

10. Haga un contraste entre lo que significa tener una mente carnal (tener la mentalidad de la naturaleza caída) y lo que significa tener una mente espiritual. (Romanos 8:6)

_____

_____

Adán y Eva cambiaron conocimiento espiritual revelado por conocimiento sensorial.

---

11. (a) ¿Qué dijo el Señor que Israel había hecho al rechazarlo y en cambio adorar ídolos hechos a mano? Complete lo siguiente:

Jeremías 2:11b: "*…mi pueblo ha* _____ _____

_____ _____ _____ _____

_____."

(b) El pueblo cometió dos males al hacer este cambio. Su primer mal fue olvidarse de Dios. Al hacerlo, ¿qué "*fuente*" perdieron? (Jeremías 2:13a)

_____

(c) El segundo mal fue que ellos cavaron cisternas para sí mismos, en lugar de recibir agua de la fuente de Dios. ¿Cuáles eran las dos únicas clases de cisternas que fueron capaces de hacer? (Jeremías 2:13b)

_____

12. En la pregunta 1 de la clase 5, aprendimos que los atributos invisibles de Dios se pueden reconocer y entender a través del mundo que Él creó.

(a) ¿Qué le puede suceder a la gente cuando rechaza el conocimiento revelado de Dios y se rehúsa a glorificarlo y darle gracias? (Romanos 1:21b)

_____

(b) Cuando la gente afirma ser sabia basada sólo en su conocimiento carnal, ¿por qué otra imagen de adoración cambia la gloria del Dios incorruptible? (Romanos 1:23b)

_____

_____

(c) ¿Por qué otra cosa cambiaron la verdad de Dios? (Romanos 1:25a)

_____

(d) Cuando la gente no quiere tener en cuenta a Dios en su conocimiento, ¿a qué tipo de mente puede entregarlos Él? (Romanos 1:28a)

_____

(e) ¿A qué más Dios los puede entregar, y a qué los lleva esto? (Romanos 1:24)

_____

_____

13. ¿En qué dilema se encontraban los israelitas para el tiempo en que nació el profeta Samuel —un problema que indicaba su pobreza espiritual—? (1 Samuel 3:1b)

_____

14. En las siguientes traducciones bíblicas de Proverbios 29:18, ¿qué le sucede a la gente que no tiene revelación (*"profecía"*, RVR; *"visión"*, NVI) o conocimiento revelado de Dios?

(a) RVR: _____

(b) NVI: _____

15. ¿Qué idea similar fue expresada por Dios a través del profeta Oseas? (Oseas 4:6a)

_____

El enemigo te destruirá en cualquier área en la que carezcas de conocimiento.

REFLEXIONES ACERCA DE LAS PALABRAS BÍBLICAS PARA "REVELACIÓN"

La palabra hebrea que es traducida como *"profecía"*, *"visión"* u otra palabra comparable en Proverbios 29:18, dependiendo de la versión bíblica, es *kjazón*. Esta palabra también puede significar "oráculo" o "comunicación divina". *Kjazón* se refiere a una revelación fresca de Dios que declara lo que Él está diciendo y haciendo ahora. A diferencia de la doctrina bíblica o el conocimiento obtenido a través de leer las Escrituras u oír enseñanzas bíblicas, esta comunicación es *jréma*, una palabra del "ahora" de parte de Dios. Es el maná que Dios provee para hoy; no para ayer ni para mañana. Habrá otra revelación fresca mañana que nos mantendrá avanzando para que no perdamos nuestra dirección. Ésta es la revelación del Espíritu Santo. Sin *kjazón*, el pueblo *"se desenfrena"* (RVR), *"se extravía"* (NVI), y *"se desvía"* (RVC). Se pierden, sin destino. ¿Qué significa esto para nosotros? Actualmente, vivimos tiempos de oscuridad, confusión e inseguridad. Ahora, más que nunca, necesitamos la revelación fresca de Dios.

En el Nuevo Testamento, la palabra *"profecía"* se traduce del griego *apokalypsis*, que significa "revelar", "quitar la cubierta", "descubrir" o "manifestar algo que estaba escondido". El conocimiento revelado viene directa o indirectamente del Espíritu Santo de Dios al espíritu de una persona, no a su mente o sentidos. Enfatizo, no puede buscarse en un libro ni en cualquier otra fuente de información. Y no requiere tiempo de aprendizaje porque es dado instantáneamente; se manifiesta en un pestañar de ojos.

Parte IV: Conocimiento humano versus conocimiento divino

Incluso aquellos que aman a Dios y desean vivir para Él pueden tener una tendencia a depender demasiado del conocimiento natural, en lugar de caminar a la luz de su conocimiento revelado. No es necesario haber rechazado el conocimiento de Dios para experimentar algunas de las consecuencias de la falta de conocimiento revelado. Así que, continuemos explorando lo que dice la Biblia acerca del conocimiento natural versus el conocimiento espiritual.

16. (a) ¿Qué nos alerta el libro de Proverbios que no hagamos? (Proverbios 3:5b, 7a)

_____

_____

(b) En contraste, ¿qué nos anima a hacer? (Proverbios 3:5a, 6a)

_____

_____

(c) ¿Qué hará el Señor por nosotros si seguimos sus instrucciones? (Proverbios 3:6b)

_____

17. ¿Por qué necesitamos ser cuidadosos al seguir un camino que nos parece correcto, desde el punto de vista carnal o natural, ignorando la manera de Dios? (Proverbios 14:12b)

_____

18. (a) ¿Cómo describe, el apóstol Pablo, la sabiduría de este mundo? Complete lo siguiente:

1 Corintios 3:19a: *"Porque la sabiduría de este mundo es* _____

_____ _____ _____ *"*.

(b) ¿Qué sabe el Señor de los pensamientos de aquellos que son sabios según la sabiduría del mundo? (1 Corintios 3:20b)

_____

19. (a) ¿Qué comparación hace el Señor para describir el grado al que sus pensamientos y caminos son más altos que los nuestros? (Isaías 55:9a)

_____

(b) ¿Qué le pregunta Dios a la gente que está decidida a pasar su vida tras metas terrenales, que al final son triviales y vacías? (Isaías 55:2a)

_____

_____

(c) ¿Qué nos dice Dios para que podamos "comer del bien"? Complete lo siguiente:

Isaías 55:2b: "_____ _____ _____ _____, y *comed del bien…"*.

(d) Cuando inclinamos nuestro oído a Dios y venimos a Él, ¿cuál es el resultado para nuestra alma? (Isaías 55:3a)

_____

(e) ¿Qué deben hacer el inicuo y el impío en relación con la venida del Señor? (Isaías 55:7a)

_____

_____

El propósito principal de la revelación es llevarnos a una experiencia sobrenatural en la presencia de Dios para ser transformados.

---

20. Dios nos ha dado a conocer muchos de sus pensamientos y caminos a través de las Escrituras.

(a) ¿Cómo nos fueron dadas las Escrituras? (2 Timoteo 3:16a)

_____

(b) ¿Cuál es el origen de la profecía bíblica? (2 Pedro 1:21b)

_____

(c) ¿Por qué vía *no* viene la profecía bíblica? (2 Pedro 1:21a)

_____

Parte V: Conocimiento revelado

Además de su Palabra escrita, Dios habla al corazón de cada creyente a través del Espíritu Santo, y como hemos visto, Él da palabras del "ahora" para hoy, o revelación fresca. Vamos a explorar varias vías por las cuales Dios ha comunicado palabras frescas de profecía, empezando con la revelación de Jesucristo —la completa revelación y manifestación de la gloria del Padre—.

21. (a) Después de que Pedro declarara que Jesús era el Mesías, ¿qué dijo Jesús acerca de cómo le había sido revelado este conocimiento a Pedro? (Mateo 16:17b)

   _____

   (b) ¿Qué *no* le había revelado este conocimiento a Pedro? (Mateo 16:17a)

   _____

22. ¿Cuáles fueron los medios clave que usó Dios para atestiguar de la deidad de Jesús y de su ministerio, tanto como de la revelación que Jesús trajo al mundo de parte del Padre? (Hebreos 2:4)

   _____

Los milagros están fuera del ámbito del conocimiento mental, sensorial o natural, y la ciencia no puede explicarlos.

---

23. (a) ¿Cómo expresó Pablo que Dios puede confirmar a los creyentes en la fe? Complete lo siguiente:

   Romanos 16:25–26a: "*Y al* [Dios] *que puede confirmaros* _____

   _____ _____ _____ _____

   _____ _____ _____, *según la*

   _____ _____ _____ *que se*

   ha mantenido oculto desde tiempos eternos pero que ha sido _____

   _____...*.*"

(b) La revelación de que los gentiles, tanto como los judíos, podían ser coherederos con Cristo y miembros de su cuerpo no fue descubierta por completo por el pueblo de Dios en tiempos previos a la venida de Cristo. ¿De qué manera, dijo Pablo, que Dios había dado a conocer esta verdad? Complete lo siguiente:

Efesios 3:5b: "*…como ahora es* _____ __ ____ _____

_____ __ _____ *por el Espíritu*".

REFLEXIONES ACERCA DE LA RELACIÓN ENTRE LAS ESCRITURAS Y LA REVELACIÓN

Las Escrituras no cambian. Son el fundamento de nuestra fe y obras. Sin embargo, los apóstoles y profetas aún necesitan establecer iglesias, enseñar y fortalecer a los creyentes, y dar revelación fresca de las formas en que Dios está obrando en la presente generación. Debemos aceptar que la verdadera revelación no niega la doctrina bíblica fundamental, o viceversa. Se puede volver a un equilibrio si entendemos e incorporamos ambas, la sana doctrina y la revelación fresca, en la iglesia para crecer espiritualmente.

Por naturaleza, los apóstoles tienen planes, diseños y proyectos de Dios que edifican la iglesia, hacen avanzar el Reino e impactan sus comunidades aledañas. Han recibido un mapa espiritual que los guía, para mostrarnos la manera de lograr las metas.

Los profetas expresan lo que Dios está diciendo y haciendo en el momento (vea Amós 3:7); también ven y comunican el futuro y los misterios de Dios. Si no hay un ministerio profético operando en la iglesia, la gente que anhela conectarse con lo sobrenatural puede llegar a falsificar formas de espiritualidad, como lo oculto. Hoy, mucha gente carece de dirección, visión y revelación profética genuina de Dios. Ésta es la razón por la que Él está restaurando los ministerios del apóstol y el profeta a la iglesia. La meta suprema es ver al pueblo caminar en la verdad y no ser destruido.

Cuando los apóstoles y profetas pueden cumplir sus funciones, los tres roles restantes de los cinco ministerios (pastores, evangelistas y maestros) también operan en su función indicada: el pastor cuida al rebaño, el evangelista gana la gente para Jesús y el maestro instruye a la iglesia —y todos, como uno, recogen la cosecha de almas—.

24. Además de los roles especiales de apóstol y profeta (vea Efesios 4:11–12), hay cuatro dones que el Espíritu Santo les da a ciertos creyentes, según su criterio, para que ellos puedan recibir revelación de Dios para dársela a su pueblo. Para descubrir estos cuatro dones, complete lo siguiente:

1 Corintios 12:8–10: *"Porque a éste es dada por el Espíritu* _____

_____ _____; *a otro,* _____ _____

_____ *según el mismo Espíritu; a otro, fe por el mismo*

Espíritu; y a otro, dones de sanidades por el mismo Espíritu. A otro, el hacer milagros;

a otro, _____; *a otro,* _____ _____

_____; *a otro, diversos géneros de lenguas; y a otro,* _____

_____ _____."*.

DEFINICIÓN CLAVE: La revelación es un fragmento de conocimiento divino, del que la persona que lo recibe no tenía conocimiento previo. Por ejemplo, una *"palabra de conocimiento"* (1 Corintios 12:8), es una pequeña porción del conocimiento total de Dios, dado por el Espíritu Santo, en un instante.

---

25. (a) Pablo les dijo a los corintios, *"Seguid el amor; y procurad los dones espirituales"* (1 Corintios 14:1). ¿Qué les dijo que debían desear sobre todo? (1 Corintios 14:1)

_____

(b) La persona que profetiza, ¿de qué les *"habla a los hombres"*? (1 Corintios 14:3)

_____

_____

Los líderes sin revelación o conocimiento fresco
de Dios para su ministerio se vuelven irrelevantes.

---

26. Además del don de profecía mencionado en el versículo de abajo, ¿con qué otras maneras de recibir y comunicar la revelación inviste Dios a su pueblo a través del Espíritu Santo? Complete lo siguiente:

Joel 2:28: *"…y profetizarán vuestros hijos y vuestras hijas; vuestros ancianos*

_____ _____, *y vuestros jóvenes* _____

_____*"*.

27. ¿Qué dijo Jesús que el Espíritu Santo, o el *"Espíritu de verdad"*, haría por sus seguidores? (Juan 16:13)

_____

_____

28. ¿Qué afirmación de Jesús refuerza la diferencia entre el intelecto natural del hombre y su capacidad y los pensamientos y capacidades sobrenaturales de Dios, las cuales nos da a nosotros por revelación? (Lucas 18:27)

_____

La revelación borra los bordes de lo imposible.

Conclusión

La revelación es el conocimiento espiritual acerca de Dios y sus caminos, la cual viene a nuestro espíritu con el propósito de que avancemos en su voluntad y en nuestra relación con Él. Es una ventana del tiempo a la eternidad y de la eternidad al tiempo, que nos da la perspectiva de Dios a nosotros, los seres humanos.

La revelación de Dios siempre demanda cambios de nuestra parte. Puede que no siempre entendamos la revelación que recibimos, pero no tenemos que entenderla para obedecerla. Todo lo que tenemos que hacer es recibirla. Recordemos que, en tiempos antiguos, los profetas anunciaban mensajes de Dios que no siempre entendían. Y aun así, fueron obedientes para declararlos, y lo que declararon se cumplió —o se cumplirá— en el tiempo del Señor.

Finalmente, cuando aprendemos a recibir, caminar en la revelación de Dios y manifestarla, tenemos no sólo un entendimiento más profundo de Dios y una relación más íntima con Él, sino que también comenzamos a ver sanidades, milagros, señales, maravillas y demostraciones del poder de Dios que bendice a su pueblo y revela su gloria al mundo.

Oración de activación

Padre de la gloria, en el nombre de Jesús, te pedimos que nos perdones por habernos conformado a la religión, el legalismo y las tradiciones vacías. Desata sobre nosotros hambre y sed por tu reino y gloria. Úsanos como vasos de barro, escogidos para manifestar tu gloria mientras vivimos aquí. Impártenos el fuego de tu presencia, ahora mismo, para que nunca más seamos cristianos pasivos, sino activos y valientes. Nos comprometemos a estar disponibles para ti, a rendir nuestros cuerpos como sacrificio vivo y a obedecer tu Palabra. Queremos ser parte del remanente que estás levantando para manifestar tu gloria en estos últimos días. Recibimos todo lo que hemos pedido, ahora mismo, y vamos a un mundo perdido en el nombre y poder de Jesús, ¡amén!

Pasos para la acción

+ No importa lo "imposible" que sea la situación que está enfrentando, reemplace sus pensamientos naturales por la Palabra de Dios. Escriba versículos y pasajes que apliquen a su situación y léalos diariamente, memorizando tantos como pueda.

+ Igualmente, pídale al Espíritu Santo que le ayude a ver cualquier pensamiento negativo o de derrota a lo largo del día. Luego, cuando se lo recuerde, reemplace estos pensamientos con alabanzas a Dios por su amor, ayuda y fuerza.

EXPERIENCIAS CON LA GLORIA DE DIOS

Un bebé en el vientre de su madre vuelve a la vida por un conocimiento revelado

Una mujer que asiste al Ministerio El Rey Jesús testificó que llevaba tres meses de embarazo cuando recibió una devastadora noticia; el bebé que llevaba en su vientre había muerto. No se escuchaban los latidos de su corazón, incluso después de los muchos intentos que el personal médico había hecho por encontrarlos. Este diagnóstico fue confirmado por varios doctores, quienes dijeron que el feto tenía que ser extraído. Sin embargo, la mujer decidió que no aceptaría el diagnóstico de muerte; se apropió de la fe de Dios en su interior, creyendo por un milagro. Si bien sentía miedo, el Espíritu Santo la llenaba de fe.

Como no quería perder a su bebé, comenzó a asistir a las oraciones de madrugada en la iglesia, con la Pastora Ana Maldonado, quien opera el don de profecía.

Un día, por una palabra de conocimiento, la Pastora Maldonado percibió que debía orar por una mujer que tenía problemas con su bebé aún no nacido. Cuando esta mujer pasó al frente, ella de inmediato sintió un movimiento en su vientre. ¡El bebé había vuelto a la vida por la poderosa mano de Dios! La madre lloraba lágrimas de gozo y le daba gracias a Él. La palabra de conocimiento dada por el Espíritu Santo salvó la vida de aquel bebé. La solución presentada por los médicos era el aborto, pero la solución de Dios era resurrección y vida.

La historia no termina allí. Casi al final del embarazo, los médicos le volvieron a decir que no encontraban los latidos del corazón y que esta vez tendrían que extraerle el bebé. La mujer sintió una frustración y, al mismo tiempo, la determinación de no rendirse. En vez de eso, dijo: "¡No! Eso no es verdad. Yo le creo a Dios y sé que Él mantiene a mi bebé vivo en mi vientre". Nuevos exámenes mostraron que el bebé estaba bien y que el latido de su corazón era normal; pero entonces, le dijeron que el bebé iba a nacer con Síndrome de Down debido a los períodos de tiempo que su corazón había pasado sin latir. La mamá, llena de la fe de Dios, volvió a rechazar los diagnósticos negativos. Para la gloria de Dios, su bebé es ahora un hermoso varón de cuatro años, sano de mente y cuerpo. Una palabra de conocimiento, dada por el Espíritu Santo, resolvió lo que los médicos no fueron capaces de resolver.

De la doctrina fundamental a la revelación

"Porque en el evangelio la justicia de Dios se revela por fe y para fe, como está escrito: Mas el justo por la fe vivirá".
—Romanos 1:17

Introducción

¿Cómo podemos pasar del mero conocimiento de la doctrina acerca de Dios a vivir en la revelación del "ahora" de Dios, a través de la cual su presencia y gloria se manifiestan? Después de haber aprendido la doctrina cristiana fundamental, debe creer y actuar en ella. Los fariseos eran un prominente grupo judío en los días de Jesús, eruditos en teología y teoría, que guardaban sus prácticas de manera muy estricta. Ellos interpretaban la ley de Moisés pero tenían un gran problema: no practicaban mucho lo que predicaban de la misma. En consecuencia, se habían convertido en "religiosos". Tenían una apariencia de piedad —oraban y ayunaban a menudo y cumplían con sus diezmos—, pero carecían de autoridad moral. Jesús los reprendió y llamó a sus acciones, hipócritas. (Vea, por ejemplo, Mateo 23). Previniendo que esa conducta se pudiera esparcir fácilmente a otros, contaminándolos espiritualmente, Jesús les dijo a sus discípulos: *"Guardaos de la levadura de los fariseos, que es la hipocresía"* (Lucas 12:1).

Si nos miramos de cerca como iglesia, encontraremos que las cosas no han cambiado mucho desde aquellos días. Mucha gente dice creer en lo sobrenatural; dice que quiere ver milagros, ver el poder y la gloria y experimentar el avivamiento, pero apenas pasa de la teoría porque se niega a aceptar el poder de Dios y vivir en él. Esto hace su conducta muy similar a la de los fariseos, porque no practica lo que predica. Por lo tanto, en esta clase, exploraremos cómo pasar de la doctrina fundamental a la revelación del "ahora" y cómo evitar la "levadura" de la hipocresía espiritual.

Preguntas de estudio

Parte I: Edifique una base de doctrina fundamental

1. (a) ¿Qué es esencial que conozcamos, que el hijo en el Señor de Pablo, Timoteo, supo desde la infancia? Complete lo siguiente:

   2 Timoteo 3:15a: "...*has sabido* _____ _____

   _____...".

   (b) ¿Para qué nos pueden hacer sabios las Escrituras? (2 Timoteo 3:15b)

   _____

2. (a) ¿Para qué nos son útiles las Escrituras? (2 Timoteo 3:16b)

   _____

   _____

   (b) ¿Para qué nos preparan enteramente? (2 Timoteo 3:17)

   _____

3. ¿Qué deberían desear los nuevos creyentes, tanto como aquellos que aún no han madurado en su fe, y por qué? (1 Pedro 2:2)

   _____

La doctrina es el fundamento que ponemos para edificar al nuevo creyente;
esto lo prepara para recibir la revelación.

---

4. (a) Si bien beber la "*leche*" de la palabra de Dios (Hebreos 5:12–13) es esencial para venir a la salvación y ser establecidos en nuestra fe, ¿qué sucede si continuamos participando sólo de la leche de la Palabra y rechazamos pasar al "*alimento sólido*" (versículos 12, 14)? (Hebreos 5:13)

   _____

(b) ¿Para quiénes es el *"alimento sólido"*? (Hebreos 5:14)

_____

_____

5. Después de haber sido establecidos sobre un fundamento de doctrina, ¿qué deberíamos dejar y a qué deberíamos proseguir? (Hebreos 6:1a)

_____

Parte II: Viva lo que sabe

6. Si pensamos que podemos tan sólo oír la palabra de Dios y no ponerla por obra, ¿qué estamos haciendo? (Santiago 1:22) Elija una de las siguientes opciones circulando la letra correspondiente:

(a) Estamos edificando nuestra fe.

(b) Nos engañamos a nosotros mismos.

(c) Engañamos a Dios.

(d) Acumulamos tesoros en el Cielo.

7. (a) ¿Con qué comparó Jesús a aquellos que oyen sus enseñanzas y las ponen en práctica? (Mateo 7:24b)

_____

(b) ¿Qué clase de fenómenos climáticos severos y sus consecuencias usó Jesús como metáfora para las tormentas de la vida que nos embisten? (Mateo 7:25a)

_____

(c) ¿Por qué una casa permaneció de pie después de todo lo que había pasado? Complete lo siguiente:

Mateo 7:25b: *"…porque estaba _____ sobre la roca".*

Tener el conocimiento intelectual de cualquier verdad bíblica no implica que la hayamos experimentado.

8. (a) En la explicación que Jesús dio sobre la parábola del sembrador, describe gente que recibe la palabra de Dios con gozo, sin embargo, la falta de flexibilidad y la dureza de su corazón les impide cultivar la semilla espiritual. ¿Por qué esta gente cree por un tiempo pero luego la tentación la aleja de la fe? (Lucas 8:13b)

_____

(b) ¿Qué ocurre en la vida de la gente que es como *"espinos"*, que ha escuchado la palabra de Dios pero permite que su fe sea "[ahogada] *por los afanes y las riquezas y los placeres de la vida*"? (Lucas 8:14b)

_____

(c) ¿En qué hace énfasis Jesús cuando habla de aquellos cuya vida es como *"buena tierra"*, que *"con corazón bueno y recto retienen la palabra oída"*? (Versículo 15b)

_____

9. Enumere los diferentes *"frutos del Espíritu"* que debemos continuar desarrollando en nuestra vida si vamos a "[andar] *en el Espíritu… y no* [satisfacer] *los deseos de la carne*" (Gálatas 5:16). (Gálatas 5:22–23a)

_____

_____

Usted no puede crear una doctrina basada en la experiencia,
pero toda doctrina que viene de Dios lo llevará a tener una experiencia con Él.

10. (a) ¿Qué debemos añadir a nuestra fe? (2 Pedro 1:5a)

_____

(b) ¿Qué otros atributos debemos añadir a nuestras vidas? (2 Pedro 1:5b–7)

_____

(c) Si podemos "abundar" en todas estas cosas, ¿qué vamos a evitar? (2 Pedro 1:8b)

_____

REFLEXIONES SOBRE EL ESTANCAMIENTO ESPIRITUAL

La gente que se estanca en los puntos básicos de la Biblia no está muy abierta a recibir revelación o conocimiento revelado de Dios. Mucha de esta gente cree que no hay nada más para conocer o experimentar. Otros no avalan la idea de aprender más; les falta la humildad necesaria para recibir algo nuevo; porque se quedan en el fundamento de la fe en lugar de edificarla y permanecen "niños" espirituales. Estos creyentes son generalmente los que critican los movimientos y avivamientos de Dios y aquellos que los encienden. Sólo cuando es muy tarde —después de que han rechazado, perseguido e incluso traicionado a aquellos ungidos por Dios— a veces, se dan cuenta de que eran movimientos auténticos.

Existe una diferencia entre (1) querer corregir la teología falsa/imprecisa o el desorden debido a una conducta anti bíblica y a excesos, y (2) ahogar un movimiento genuino de Dios por presuposiciones y maneras de pensar y actuar arraigadas. Debemos aprender a discernir entre estas diferentes situaciones si vamos a mantener la paz con lo que Dios está haciendo entre su pueblo hoy. Si no lo hacemos, podemos entorpecer no sólo nuestra salud y crecimiento espiritual, sino también los de otros.

_____

Parte III: Ir "de fe y para fe"

A medida que maduramos en nuestra fe, podemos pasar más confiadamente de la doctrina de fundamento a la revelación del "ahora" de Dios, o su revelación para nosotros hoy. Sólo cuando somos capaces de discernir el bien del mal y lo genuino de lo falso, podemos realmente participar en el movimiento presente de Dios. La revelación ocurre en conjunción con la manifestación, y también nos lleva a futuras manifestaciones. Cuando Dios es revelado, algún aspecto de su naturaleza o poder se manifiesta.

11. ¿Cómo se revela la justicia de Dios? Complete lo siguiente:

Romanos 1:17a: *"Porque en el evangelio la justicia de Dios se revela* _____

_____ _____ _____ _____ *"*.

12. La fe siempre lleva a alguna acción —arrepentimiento, confesión, adoración, ministrar físicamente a aquellos que sufren, sanidades y mucho más—. ¿Qué afirmación hizo Santiago para resumir la idea de que creer en la palabra de Dios no puede permanecer en teoría sino que debe convertirse en una acción? (Santiago 2:26)

_____

Es fácil predicar y enseñar algo que no tenemos que demostrar o probar.

---

13. Cuando Dios nos confía su palabra y su voluntad, nos convertimos en los responsables de las mismas como "*mayordomo*[s] *fiel*[es] *y prudente*[s]" (Lucas 12:42). En relación con esto, ¿qué debemos tener en mente? Complete lo siguiente:

Lucas 12:48b: "*Porque todo aquel a quien se haya dado mucho,* _____

_____ _____ _____; *y al que mucho se le haya confiado,*

_____ _____ _____ _____".

14. El reino de Dios es demostrado, no con palabras sino ¿con qué? (1 Corintios 4:20)

_____

15. ¿Cómo confirmó el Señor Jesús la prédica de los discípulos después de ascender al cielo y sentarse a la diestra de Dios? (Marcos 16:20b)

_____

Los milagros predisponen el corazón de la gente para creer que Dios existe.

---

16. ¿Qué hicieron los apóstoles entre el pueblo cuando le ministraban el evangelio? (Hechos 5:12a)

_____

17. ¿Qué manifestaciones ocurrieron cuando Felipe les predicó a Cristo a los samaritanos? (Hechos 8:7)

_____

_____

REFLEXIONES ACERCA DE LAS MANIFESTACIONES SOBRENATURALES

Cuando Dios es revelado, se manifiestan algunos aspectos invisibles de su persona o se dan a conocer a los sentidos humanos, lo cual causa un gran impacto y transformación. Las manifestaciones son *señales*; no son doctrinas. Al evaluar una manifestación, debemos determinar si Dios está tomando la iniciativa y haciendo la obra. Sabremos si éste es el caso si vemos que la obra es consistente con su naturaleza y carácter y si produce lo mismo en la gente envuelta. Tenemos que hacer preguntas como las siguientes: "¿Las manifestaciones van en contra de las Escrituras?". "La experiencia, ¿promueve el amor a Dios en la persona que la vive?". "¿Siento paz acerca de esta situación?". "¿Siento la confirmación del Espíritu Santo?". Dios quiere llevarnos a nuevos, más profundos y extensos territorios en Él, y sólo si tenemos una base sólida a partir de la cual expandirnos podremos asegurar una estabilidad continua en nuestra fe.

18. ¿Qué razón le dio Pablo a los corintios de por qué ni sus palabras ni su prédica hacia ellos fueron *"con palabras persuasivas de humana sabiduría, sino con demostración del Espíritu y de poder"* (1 Corintios 2:4)? (1 Corintios 2:5)

_____

19. En el estudio previo nos enfocamos en cuatro de los nueve dones del Espíritu que están específicamente relacionados con la revelación: la palabra de sabiduría, la palabra de conocimiento, profecía e interpretación de lenguas. ¿Cuáles son los cinco dones restantes que Dios le da a la iglesia para capacitar a sus miembros para recibir y ministrar varios aspectos de su poder? (1 Corintios 12:9–10)

_____

_____

Donde existe la genuina revelación de Dios, debe haber manifestaciones visibles que confirman su origen divino.

Parte IV: Busque revelación fresca

Necesitamos la sabiduría y el conocimiento de Dios para los problemas contemporáneos cuyas soluciones no estén detalladas de manera exacta en las Escrituras. Para esto se necesita la revelación de Dios, la cual debe ser buscada con fidelidad, motivaciones puras y de acuerdo con las bases bíblicas. Para estos casos, especialmente, podemos ver la necesidad de establecer primero un fundamento de sana doctrina, a través del cual nuestros sentidos espirituales puedan ser *"ejercitados en el discernimiento del bien y del mal"* (Hebreos 5:14). En las próximas preguntas, repasaremos cómo los primeros cristianos manejaron algunos de sus problemas y necesidades contemporáneos, incluyendo la solución de disputas y controversias de acuerdo a la voluntad de Dios y buscando dónde quería Dios que ministraran en cada momento en particular.

20. (a) Agabo era un cristiano de Jerusalén que tenía el don ministerial de la profecía. ¿Qué crisis futura le reveló el Espíritu Santo cuando fue a Antioquía, para que los creyentes pudieran adelantarse a su tiempo? (Hechos 11:28)

_____

(b) ¿Qué hicieron los discípulos en respuesta a esta noticia? (Hechos 11:29–30)

_____

_____

21. (a) Subsecuentemente, ¿qué les instruyó a hacer el Espíritu Santo a los profetas y maestros de la iglesia de Antioquía? (Hechos 13:2b)

_____

_____

(b) ¿Qué habían estado hacienda los profetas y maestros cuando recibieron esta revelación de dirección? (Hechos 13:2a)

_____

REFLEXIONES ACERCA DE LA PROFECÍA

Profetizar es hablar desde la perspectiva de Dios, y la fuente de esa perspectiva es el Espíritu Santo, que revela lo que hay en la mente o el corazón de Dios. (Vea 1 Corintios 2:10). La verdadera profecía siempre va a brindar *"edificación, exhortación y consolación"* (1 Corintios 14:3), para llevar al pueblo a ver a Dios y caminar en una realidad superior a la natural. Es como dar un salto al futuro en Dios o declarar ese futuro glorioso en el presente.

22. (a) Los apóstoles y ancianos en Jerusalén les escribieron a los gentiles convertidos para delinear qué aspectos de la ley judía deberían seguir como creyentes en Jesús. ¿Qué frase usaron para explicar cómo habían arribado a la respuesta en un tema tan controversial? (Hechos 15:28a)

_____

(b) ¿Qué dijo Pablo que lo había impulsado a ir a la iglesia en Jerusalén a tratar este tema concerniente a los creyentes gentiles con los apóstoles y ancianos? Complete lo siguiente:

Gálatas 2:2a: *"Pero subí _____ _____ _____"*.

(c) ¿Con quién consultó en privado Pablo en la iglesia, para afirmar la validez del mensaje del evangelio que había estado predicando entre los gentiles? (Gálatas 2:2b)

_____

23. (a) ¿Por qué Pablo, Silas y Timoteo no fueron a Asia a predicar la Palabra? (Hechos 16:6)

_____

(b) ¿Por qué no fueron a Bitinia? (Hechos 16:7)

_____

(c) Siguiendo estas prohibiciones, Pablo recibió una visión de noche. ¿Cómo describe Lucas, el autor del libro de los Hechos, esta visión? (Hechos 16:9b)

_____

_____

(d) Después de que Pablo recibiera esta visión, ¿a qué conclusión llegaron él, Silas y Timoteo, y qué hicieron? (Hechos 16:10)

_____

_____

Parte V: Discierna las falsas enseñanzas y manifestaciones

24. (a) Cuando se da una profecía entre el cuerpo de creyentes, ¿qué instrucciones bíblicas tenemos para determinar si la profecía es de Dios? (1 Corintios 14:29; 1 Juan 4:1)

_____

_____

_____

(b) ¿A quiénes están sujetos los espíritus de los profetas? (1 Corintios 14:32)

_____

(c) ¿A qué aspecto de la naturaleza de Dios responde este enfoque? Complete lo siguiente:

1 Corintios 14:33a: *"Pues Dios no es Dios de confusión, sino de _____"*.

(d) ¿Qué frase resume cómo debemos conducirnos en el uso de los dones espirituales? (1 Corintios 14:40)

_____

25. (a) Después de "examinarlo todo", con respecto a las profecías y otras revelaciones, ¿qué debemos hacer? (1 Tesalonicenses 5:21b)

_____

(b) ¿Qué precaución recibimos que nos recuerda que no seamos tropiezo para la obra del Señor con aprensiones indebidas acerca de los dones espirituales o "pruebas" excesivas? (1 Tesalonicenses 5:19)

_____

(c) ¿Qué debemos procurar con deseo ardiente? (1 Corintios 14:39a)

_____

(d) ¿Qué no debemos impedir? (1 Corintios 14:39b)

_____

26. (a) ¿Con qué manifestación sobrenatural tentó el diablo a Jesús para que con ella "probara" su identidad como Hijo de Dios? (Mateo 4:3)

_____

(b) ¿Cómo le respondió Jesús al diablo en su resistencia a la tentación? (Mateo 4:4)

_____

_____

Cada vez que usamos nuestros dones o unción para exaltar nuestro ego,
para probar lo "espirituales" que somos, para buscar ganancia u obtener una posición,
estamos comerciando con la unción.

27. ¿Qué palabra es recurrente en las siguientes Escrituras, que indica una de las principales motivaciones de Jesús para ayudar a la gente y realizar sanidades y milagros en sus vidas? (Mateo 9:36; 14:14; 15:32)

_____

28. Pablo habló acerca de aquellos que predicaban a Cristo por *"envidia y contienda"*, tanto como de los que lo hacían de *"buena voluntad"* (Filipenses 1:15). ¿Qué incentivo tenía cada uno de estos grupos? Complete lo siguiente:

Filipenses 1:16–17a: *"Los unos anuncian a Cristo por _____*

_____...pero los otros por _____...".

29. (a) ¿Qué le ofreció Simón, el ex brujo, a Pedro y a Juan para obtener el poder de impartir el Espíritu Santo a la gente? (Hechos 8:18b)

_____

(b) ¿Qué discernió Pedro como razones subyacentes para el pedido erróneo de Simón, que causó que éste pensara que el don del Espíritu Santo podía ser obtenido de tal modo? (Hechos 8:23)

_____

30. (a) ¿Cuál es el requisito para tener la habilidad de reconocer si una enseñanza o doctrina viene de Dios o del hombre —siendo éste el mismo requisito que Jesús les dio a los líderes religiosos que inquirían acerca de su doctrina—? Complete lo siguiente:

Juan 7:17a: *"El que _____ _____ _____ _____ de Dios,*

_____...".

(b) ¿Qué busca aquel que habla por su propia cuenta? (Juan 7:18a)

_____

(c) ¿Qué dijo Jesús que buscaba Él? (Juan 7:18b)

_____

---

*La revelación nos introduce en la manifestación de la gloria de Dios; sin ella,
la gloria no puede ser vista.*

Conclusión

El propósito de la doctrina es establecer a los creyentes sólidamente en la fe. Una vez que el fundamento de la doctrina es puesto, edificamos sobre él. Cada transición implica un riesgo porque implica moverse de un lugar conocido a uno desconocido. La mayoría de la gente le teme a lo desconocido; por lo tanto, prefiere quedarse en un lugar donde le sea cómodo y conveniente. Sin embargo, la gente que no se mueve —aquella sin revelación— puede que nunca experimente el poder de Dios fluyendo a través de ella. Debemos desear ir a niveles más altos, a otras dimensiones; expandirnos a nuevos territorios; movernos a ámbitos mayores de fe, de unción, de gloria, crecimiento y madurez. La vida cristiana está diseñada para ser una aventura diaria porque debemos pasar cada nuevo desafío con fe. Si nos conformamos —quedándonos donde estamos ahora— nos estancamos, y eso no le agrada a Dios.

La gloria de Dios está con nosotros en la tierra, como dice la Escritura (vea Habacuc 2:14). Lo único que necesitamos para entrar a la gloria y manifestarla es el conocimiento de Dios, revelado por el Espíritu Santo. Los hombres y mujeres que se han movido en el poder sobrenatural de Dios y han sido usados por Él para hacer milagros, señales y maravillas han tenido una revelación dada por su Espíritu; esto fue lo que los diferenció de otros.

No tienes que ser un predicador o un líder en tu iglesia para comenzar a recibir revelación y actuar en ella. Como lo hizo Jesús con la iglesia primitiva, lo está haciendo ahora en el siglo XXI. Está usando a gente común para llevar a cabo su voluntad en la tierra. ¿Dejarás que Dios obre a través de ti?

Oración de activación

Padre de la gloria, gracias por los dones del Espíritu y los dones del ministerio que nos has impartido a la iglesia. Te pedimos que los actives en nosotros para avivar el fuego en expectativa de la obra del Espíritu Santo en nuestra vida. Nos ponemos a tu disposición para recibir tu revelación y poder para esta generación. En el nombre de Jesús, amén.

Pasos para la acción

+ Tal vez no sueles hacer tiempo para leer, estudiar y meditar la Biblia regularmente, por lo que te falta un fundamento fuerte en la Palabra. Si éste es el caso, entonces edifica tu casa sobre la "roca" haciendo del estudio de la palabra de Dios una prioridad en tu vida, incluso después de haber terminado este estudio bíblico.

+ Dado que la madurez e integridad espiritual vienen de actuar aquello que ya aprendimos de la palabra de Dios, haz un compromiso hoy de obedecer toda la voluntad de Dios. Comienza ahora por ser obediente a Él en un área donde has estado evadiendo sus instrucciones, ya sea para hacer algo o para dejar de hacer algo. Pídele su gracia y poder por su Espíritu para obedecerlo en todo. Cuando ya estés obedeciendo en esta área, escoge otra y haz lo mismo.

+ Cuando busques a Dios en oración, pídele que te revele un aspecto de su naturaleza o poder a través de su Palabra, de un don del Espíritu o de otra manifestación sobrenatural. Luego, mantente continuamente abierto a recibir su conocimiento revelado.

EXPERIENCIAS CON LA GLORIA DE DIOS

Un ministerio de milagros en el poder sobrenatural de Dios

En 2005, los pastores José Luis y Rosa Margarita López de la Iglesia Nueva Generación Internacional, en México, tenían doscientos miembros y doce años de ministerio. Estaban listos para dejarlo todo. Años atrás, Dios había rescatado a José Luis del alcoholismo, la drogadicción y los medicamentos psicotrópicos (medicinas para tratar la mente); y Margarita había sido liberada de la amargura y el rencor hacia su familia. Ellos comenzaron a servir a Jesús con pasión y, años más tarde, fueron ungidos y enviados por su iglesia como pastores, a establecer su propia iglesia. José dejó su profesión de arquitecto y Margarita dejó su práctica como abogada. También cerraron su negocio de construcciones y vendieron todo el equipamiento, dispuestos a servir al Señor. Sin dudas, Dios los había llamado. Sin embargo, estaban lidiando con un ministerio que no daba mucho fruto, a pesar de lo mucho que se esforzaban. Ya no sabían qué más hacer. Querían servir a Dios y ver mayores resultados, pero allí estaban, estancados, incapaces de avanzar. Además, habían perdido su casa, y la relación con su hijo no iba bien. Habían llegado a un punto en el ministerio en el que dijeron: "Señor, hasta aquí llegamos. Nos damos por vencidos".

Después de ser entrenados y equipados con el poder sobrenatural y la gloria de Dios, comenzaron a cambiar. Se pusieron bajo sumisión espiritual y se rindieron a Dios para ser liberados de todo lo que los había estado deteniendo, para ser edificados y recibir la impartición de su poder sobrenatural. Dios restauró su familia y luego su congregación. Al final de ese año, su ministerio había crecido a mil quinientos miembros, y pronto alcanzaría los dos mil quinientos miembros activos. Hoy, tienen una sólida congregación de más de nueve mil miembros. Su hijo, Rodrigo, también aceptó el llamado de Dios en su vida y ahora es el pastor de jóvenes. Juntos, están impactando su nación. Una razón del impacto que están teniendo es que el pastor José Luis comenzó a practicar el "evangelismo sobrenatural". Ya no depende en los métodos humanos de evangelismo sino que deja que el Espíritu de Dios obre a través de él para llevar la gente al Señor.

Además, desde el día en que Rodrigo aceptó el llamado de Dios, el grupo de jóvenes ha crecido exponencialmente. Después de ser entrenado y equipado para caminar en el poder sobrenatural y la gloria de Dios, él mismo ha entrenado y equipado a miles de jóvenes mejicanos de la misma manera, y el Señor ha respondido con milagros y maravillas. Un fin de semana, el pastor Rodrigo llevó a los jóvenes de la iglesia a visitar los hospitales de la ciudad, y allí oraron por los enfermos. Los pacientes con cáncer se sanaron; los que habían pasado por cirugía a corazón abierto también fueron sanados por completo. La gente que esperaba en la sala de emergencias fue sanada. Los médicos no le encontraban ningún mal a esa gente. ¡Dios los sanó a todos! Como resultado de esto, el siguiente domingo, aquellos que habían recibido una sanidad fueron a la iglesia y testificaron. Esto es lo que la gloria de Dios está haciendo hoy en el mundo.

LAS TRES DIMENSIONES DE LO SOBRENATURAL

"No mirando nosotros las cosas que se ven, sino las que no se ven…".
—2 Corintios 4:18

Introducción

Dios está en todas partes —Él es omnipresente— pero, como hemos aprendido, no manifiesta su gloria en todas partes. Su gloria se manifiesta de forma visible y tangible sólo donde la gente lo adora en espíritu y verdad (vea Juan 4:23) y donde recibe su revelación por fe. Para recibir la revelación es necesario entender la interrelación entre las tres dimensiones de lo sobrenatural: (1) fe, (2) unción y (3) gloria. En este estudio, vamos a mirar cada una de estas áreas y, en el siguiente, descubriremos los pasos esenciales para hacer la transición de la unción a la gloria.

Preguntas de estudio

Parte I: La fe

1. ¿Qué le ha repartido Dios a cada creyente? (Romanos 12:3b)

   _____

2. ¿Cómo se define la fe en la Biblia? (Hebreos 11:1)

   _____

DEFINICIÓN CLAVE: La palabra *"fe"* en Hebreos 11:1 viene del griego *pistis*, que significa "convicción" o "firme persuasión".

---

3. Mientras estemos en esta tierra, ¿cómo debemos *"vivir"* de manera que permanezcamos conectados a Dios en el ámbito espiritual? Complete lo siguiente:

    2 Corintios 5:7: *"Porque _____ _____ _____, no por vista".*

4. (a) Cuando vivimos por fe, ¿qué no "miramos" y qué sí "miramos? (2 Corintios 4:18a)

    _____

    (b) ¿Por qué razón deberíamos tomar esta perspectiva? (2 Corintios 4:18b)

    _____

La fe nos fue dada para poder pasar más allá del tiempo, a la eternidad.

---

5. ¿Por qué la fe es tan esencial en nuestra relación con Dios? (Hebreos 11:6a)

    _____

6. (a) Cuando pedimos algo en oración, ¿qué debemos creer? (Marcos 11:24)

    _____

    (b) Cuando creemos esto, ¿cuál será el resultado? (Marcos 11:24b)

    _____

7. ¿Qué les exhortó a tener, Jesús a sus discípulos? (Marcos 11:22)

    _____

REFLEXIONES SOBRE EL SIGNIFICADO DE LA FE

La fe no tiene nada que ver con la presunción o el optimismo. Es la confianza en que el Señor va a actuar porque Él no puede mentir ni fallar a su Palabra (vea, por ejemplo, 1 Samuel 15:29; Isaías 55:10–11). Si Él lo dijo, podemos descansar en la seguridad de que será como Él lo ha dicho. La fe es un requisito para ver la gloria porque tener fe significa que creemos en lo que Dios puede hacer. Es la capacidad de creer lo "irracional" o "imposible".

Una traducción más literal de la afirmación de Jesús *"Tened fe en Dios"* (Marcos 11:22) es "Tened la fe de Dios". Jesús no nos pidió que tuviéramos fe *en* Dios; estaba diciendo que Dios nos da una medida de su fe. Dado que nuestra naturaleza humana es incapaz de generar fe por sí misma, debemos tomarnos de la fe de Dios.

8. Dado que Cristo vive en nosotros, ¿de qué manera debemos vivir, tal como lo hizo el apóstol Pablo? (Gálatas 2:20b)

_____

9. En la clase previa, vimos que debemos ir *"por fe y para fe"*, como escribió Pablo en Romanos 1:17. ¿Qué pasaje citó Pablo del libro de Habacuc cuando escribió ese versículo? (Habacuc 2:4b)

_____

Parte II: La unción

Tenemos que vivir por fe en toda circunstancia y ámbito de nuestras vidas, incluyendo la unción espiritual de Dios. La unción es el poder de Dios obrando a través de nosotros para hacer lo que Él quiere en la tierra. Las unciones también son dadas para separar ciertos hombres y mujeres para las funciones del ministerio y para capacitarlos de modo que lleven adelante sus llamados.

10. En el Antiguo Testamento, la gente que Dios había escogido y separado para funciones especiales era ungida con aceite. ¿Qué le sucedió a David cuando el profeta Samuel lo ungió con aceite para ser el próximo rey de Israel? (1 Samuel 16:13)

_____

11. Cuando Bezaleel fue llamado por Dios para una tarea especial, ¿qué talento del Espíritu de Dios recibió, que lo capacitó para crear ornamentos intrincados y hermosos para el tabernáculo y para el arca del testimonio? (Éxodo 31:3–5)

_____

_____

_____

12. En el Antiguo Testamento, el Espíritu Santo venía temporalmente *sobre* gente específica para que pudiera cumplir diversos propósitos divinos. Después de la muerte, resurrección y ascensión de Jesús, todos los creyentes recibieron el privilegio de tener la vida del Espíritu Santo *dentro* de cada uno. ¿Cómo describe Juan la presencia del Espíritu en nuestra vida? (1 Juan 2:20a)

_____

13. (a) Poco antes de que ascendiera al cielo, Jesús *"sopló"* sobre sus discípulos y dijo: *"Recibid el Espíritu Santo"* (Juan 20:22). Sin embargo, ¿qué les dijo que experimentarían pronto en relación con el Espíritu Santo? (Hechos 1:5b)

_____

(b) ¿Qué recibirían ellos como resultado? (Hechos 1:8a)

_____

(c) ¿Qué sucedió cuando tuvieron esta experiencia, en el día de Pentecostés? (Hechos 2:4)

_____

_____

14. (a) Pedro y Juan supieron que los creyentes samaritanos habían sido bautizados sólo en el nombre de Jesús pero que el Espíritu Santo aún no había *descendido sobre...ellos* (Hechos 8:16). ¿Qué hicieron Pedro y Juan y qué sucedió después? (Hechos 8:17)

_____

_____

(b) ¿Qué les pasó a todos los que oyeron el evangelio que Pedro les predicó a Cornelio y otros gentiles? (Hechos 10:44)

_____

(c) ¿Cuál fue la evidencia de que esto ocurrió? (Hechos 10:46)

_____

(d) Cuando Pablo estaba en Éfeso, conoció a unos seguidores de Juan el Bautista que nunca habían oído del Espíritu Santo. ¿Qué hizo Pablo después de que estos seguidores oyeron el evangelio completo, creyeron en Jesús y fueron bautizados en aguas? (Hechos 19:6a)

_____

(e) ¿Qué sucedió luego? (Hechos 19:6b)

_____

15. El Espíritu Santo les ha dado a todos los creyentes una medida de unción con el fin de capacitarlos para cumplir la voluntad de Dios en sus vidas. ¿Qué explicó Pablo acerca de esta unción? Complete lo siguiente:

(a) 1 Corintios 12:7: *"Pero* _____ _____ _____ _____ _____ _____

__ _____ _____ _____ _____ _____*"*.

(b) 1 Corintios 12:11: *"Pero todas estas cosas las hace uno y el mismo Espíritu,*

_____ _____ _____ _____

_____ _____ _____ _____ _____*"*.

16. (a) Como repaso, enumere las cinco funciones incluidas en los "cinco dones" que Jesús dio. (Efesios 4:11)

_____

(b) ¿Con qué propósito da Él estos dones ministeriales? (Efesios 4:12)

_____

_____

17. ¿Qué hicieron los líderes de la iglesia de Antioquía para comisionar a Pablo y Bernabé para la obra especial a la que Dios los había llamado? (Hechos 13:3)

_____

_____

---

*La unción es el poder de Dios obrando a través de
nosotros para hacer lo que Él quiere en la tierra.*

---

18. (a) Cuando Jesús envió a los doce apóstoles a ministrar el evangelio en las distintas ciudades, ¿qué hicieron ellos que "apartaba para Dios", por así decirlo, a aquellos que estaban enfermos, para recibir su poder sanador y también servía como símbolo de la obra del Espíritu Santo en sus vidas? (Marcos 6:13b)

_____

(b) ¿Qué instrucciones escribió el apóstol Santiago a los primeros cristianos con respecto a un creyente que estuviera enfermo? (Santiago 5:14)

_____

_____

(c) ¿Qué es lo que salvará a la persona que estuviere enferma, para que el Señor la levante? (Santiago 5:15a)

_____

(d) ¿Si la persona enferma hubiera cometido pecado, ¿qué ocurrirá además? (Santiago 5:15b)

_____

19. (a) ¿Qué percibió Jesús cuando la mujer con el flujo de sangre tocó el borde de su manto? Complete lo siguiente:

Lucas 8:46: *"Alguien me ha tocado; porque yo he conocido* _____ _____

_____ _____ _____ _____ *"*.

(b) Según Jesús ¿qué le hizo bien a aquella mujer? (Lucas 8:48b)

_____

Un ministro de Dios no puede forzar la unción en la gente;
ésta tiene que apropiarse de la misma, por fe.

REFLEXIONES SOBRE LA FE Y LA UNCIÓN

En mi experiencia, cada medida de unción dada a un creyente está compuesta de varios niveles. Cada nivel es equivalente a un "paso" que debe ser tomado o subido para progresar en nuestra capacidad de movernos en esa unción y de crecer espiritualmente en ella. No se puede saltar ningún paso, porque cada uno representa un aspecto esencial de madurez en los asuntos espirituales. Debemos ir paso a paso o nivel por nivel, sin perder ninguno, hasta alcanzar la medida total de la unción recibida. Cuando alcanzamos el último nivel, no podemos hacer nada más allá con la unción, porque hemos alcanzado la plenitud de esa medida. En este punto, la única opción disponible es entrar en la gloria. Tener la unción no es lo mismo que moverse en la gloria, la cual incluye todos los atributos de Dios. La unción es una *parte* de Dios operando a través de nosotros.

Otro aspecto de la unción es que la fe de un creyente puede jalar la unción de otro creyente. En otras palabras, una persona puede ejercer fe y poner una "demanda" espiritual sobre la unción de otra persona para que opere en esa unción. Por ejemplo, un predicador puede tener que parar en la mitad de su mensaje y orar por alguien en la congregación que está ejerciendo su fe, pensando, *Yo creo que él vendrá ahora e impondrá sus manos sobre mí para mi sanidad, porque yo necesito un milagro.* La fe atrae la unción; así, la fe y la unción trabajan juntas.

20. Describa la unción que había en la vida de Jesús. (Lucas 4:18–19)

_____

_____

_____

21. (a) ¿Con qué dijo Pedro que Dios había ungido a Jesús? (Hechos 10:38a)

_____

(b) ¿Qué hizo Jesús de acuerdo a su unción? (Hechos 10:38b)

_____

22. Repita lo que dijo Jesús acerca de los que creen en Él. (Juan 14:12b)

_____

_____

Parte III: La gloria

En la tercera dimensión de lo sobrenatural, Dios actúa en su soberanía, sin la participación del ser humano ejerciendo su fe o unción directamente. Sin embargo, nuestra fe es a menudo un requisito para ver a Dios mismo en la dimensión de su gloria. La fe y la unción nos preparan para recibir la gloria, la cual es la presencia manifestada de Dios. Vamos a ver algunos ejemplos de la actividad de Dios en su soberanía.

23. (a) En una lista de los descendientes de Adán que registra la edad a la que la gente moría, ¿qué acto soberano e inusual del Señor, se menciona con relación a Enoc, indicando que él no sufrió la muerte física? Complete lo siguiente:

Génesis 5:24b: "…_Enoc con Dios, y_ _____, _____ ____

_____ _____."

(b) ¿Cómo describe la Biblia la relación de Enoc con el Señor? (Génesis 5:24a)

_____

La gloria es la presencia manifestada —la shekiná— de Dios.

---

24. Como repaso, ¿qué manifestación de la presencia de Dios ocurrió después de que Moisés terminara el nuevo tabernáculo? (Éxodo 40:34)

_____

25. (a) ¿Qué sucedió luego de que el profeta Elías orara al Señor y le pidiera que mostrara que era el Todopoderoso y verdadero Dios y que Baal era un falso dios? (1 Reyes 18:38)

_____

_____

(b) ¿Cómo respondieron a esto los israelitas que observaban esta manifestación? (1 Reyes 18:39)

_____

_____

La gente sabe que se está moviendo en una dimensión de la gloria de Dios cuando ya no necesita usar su fe o unción.

REFLEXIONES SOBRE LA UNCIÓN Y LA GLORIA

Si bien Dios nos ungió para cumplir sus propósitos, también es cierto que Él actúa independientemente de nosotros a veces. Por lo tanto, tenemos que aprender la diferencia entre estas dos situaciones y cómo trabajar juntos. Alguna gente dice: "Yo nunca ministro a menos que Dios me lo indique", creyendo que está imitando a Jesús, que dijo: *"No puede el Hijo hacer nada por sí mismo, sino lo que ve hacer al Padre; porque todo lo que el Padre hace, también lo hace el Hijo igualmente"* (Juan 5:19). Lo que sucede es que esta gente se queda esperando que Dios aparezca en su gloria y les hable, por lo que terminan haciendo nada. Lo que no ven es que oír a Dios de esa manera es sólo una dimensión, o aspecto, de cómo Él obra. Por ejemplo, hay ciertas cosas en las que ya hemos sido instruidos, tales como llevar las buenas nuevas del evangelio a aquellos que no las han oído. Lucas 9:2 dice: "Y [Jesús] *los envió* [a sus discípulos] *a predicar el reino de Dios, y a sanar a los enfermos*".

No decimos: "Bueno, voy a ir a evangelizar cuando Dios me lo diga". Eso es llevar las cosas a un extremo. Por supuesto, debemos escuchar su guía cuando les hablamos a otros de Jesús. Y también es cierto que debemos esperar en Dios para ver si Él elige manifestar su gloria. Pero si no lo hace, entonces, debemos operar de acuerdo con la unción que ya nos ha dado.

---

26. (a) ¿Qué analogías usa el libro de Jueces para describir el número de madianitas, amalecitas y *"los hijos del oriente"* con sus camellos, que habían venido contra Israel en tiempos de Gedeón? (Jueces 7:12b)

_____

_____

(b) ¿Cuántos hombres israelitas fueron escogidos por el Señor para enfrentar a estos enemigos? (Jueces 7:7a)

_____

(c) ¿Qué "armas" usaron los soldados? (Jueces 7:16b)

_____

(d) ¿Cómo usaron estas "armas"? (Jueces 7:20a)

_____

_____

(e) ¿Qué gritaron los soldados? (Jueces 7:20b)

_____

(f) ¿Qué sucedió con el ejército combinado enemigo? (Jueces 7:21b)

_____

27. (a) ¿Qué le dijo el ángel a María con respecto a la manera en que Dios la convertiría en la madre del Mesías? (Lucas 1:35a)

_____

_____

(b) ¿Qué dijo María cuando aceptó el propósito soberano de Dios? (Lucas 1:38a)

_____

_____

Trabajamos bajo la unción, pero descansamos en la gloria de Dios.

---

28. (a) Cuando Marta discutía la muerte de su hermano con Jesús, ¿cuánto tiempo dijo que llevaba muerto Lázaro? (Juan 11:39b)

_____

(b) ¿Cuál fue la respuesta de Jesús a Marta al oír esto? (Juan 11:40)

_____

(c) Después de que Jesús oró, ¿qué sucedió, que demostró la gloria de Dios? (Juan 11:44a)

_____

(d) ¿Qué dijo Jesús que debía hacerse con Lázaro? (Juan 11:44b)

_____

29. (a) El derramamiento soberano de la gloria de Dios en el día de Pentecostés produjo conversiones masivas a Cristo. ¿Cuánta gente fue añadida al reino de Dios en ese solo día, después de oír a los discípulos glorificar a Dios en "lenguas" y de escuchar la proclama del evangelio de Pedro? (Hechos 2:41b)

_____

(b) No mucho después, Pedro y Juan sanaron a un paralítico en el templo, en el nombre de Jesús, y Pedro predicó el evangelio a la multitud que se reunió maravillada. A continuación de estos eventos, ¿cuál fue el número total de hombres que creyeron en Jesús? (Hechos 4:4)

_____

El único movimiento capaz de generar transformación en la sociedad es
el derramamiento de la gloria de Dios.

---

30. ¿Qué significa experimentar la gloria de Dios? Complete lo siguiente:

Hebreos 6:4b–5: *"…los que una vez fueron hechos partícipes del Espíritu Santo, y*

asimismo gustaron de la buena palabra de Dios y los _____ _____

_____ _____ *."*

Conclusión

Debemos pasar de la fe a la unción y a la gloria. Como explicamos en una clase anterior, Dios manifiesta su presencia y gloria de acuerdo con su soberanía. Él hace lo que quiere, cuando quiere, y de la manera que quiere, sin depender de nuestra fe, dones o unción. Yo creo firmemente que el último movimiento de Dios sobre la tierra no vendrá a través de un hombre o mujer, sino directamente de Dios. Vamos a experimentar los *"poderes del siglo venidero"* (Hebreos 6:5) cuando Él complete su plan de redención y la culminación de todas las cosas para dar lugar al cielo nuevo y la tierra nueva. Sigamos buscándolo a Él con todo nuestro corazón para que podamos encontrarlo y experimentar la plenitud de su gloria.

Oración de activación

Padre de la gloria, caminamos por fe y no por vista. Danos el poder de ejercer la fe que nos has dado, para que podamos creer y ver tu gloria. Úngenos nuevamente para ministrar a otros de acuerdo con tus dones y poder. Llévanos a experimentar tu gloria viéndote actuar maravillosamente en tu soberanía. En el nombre de Jesús, amén.

Pasos para la acción

+ Cuando ore por los asuntos de su vida, de acuerdo a la voluntad de Dios, crea que recibirá la respuesta a sus oraciones, como nos instruyó Jesús en Marcos 11:24.

+ Ore por un conocido que esté enfermo. Pregúntele a esa persona si usted o el liderazgo de la iglesia la puede ungir con aceite en el nombre del Señor, y explíquele la instrucción bíblica para hacerlo, que está en Santiago 5:14–15

EXPERIENCIAS CON LA GLORIA DE DIOS

Una mujer liberada de un espíritu de suicidio después de una herida auto infligida en la cabeza, con un arma de fuego

Franklin se enteró de que una compañera de trabajo, que había estado sufriendo una fuerte depresión, se había puesto una pistola en la cabeza y se había disparado. Sobrevivió, pasando por una cirugía para extraerle la bala. Franklin sintió que el Señor lo impulsaba a visitarla en el hospital y orar por ella, pero no sabía si le permitirían entrar en la unidad de cuidados intensivos donde ella se encontraba. Cuando llegó, vio a la gente llorando; todos temían lo peor. Una enfermera lo interceptó y le preguntó: "¿Quién eres y qué estás haciendo aquí?". Él respondió: "Dios me envió. Vine a orar por ella, y luego me voy". La enfermera dijo: "Pasa y ora. Y, si es posible, úngela con aceite".

La joven había estado en coma por una semana sin reaccionar a ningún estímulo, pero después de que Franklin desató palabras de vida sobre ella, comenzó a recuperarse rápidamente. De repente, comenzó a mover manos y pies; también trató de quitarse los cables que la conectaban a los monitores y otras máquinas. ¡Todos estaban maravillados! Al siguiente día, fue desconectada de las máquinas y dada de alta del hospital. Aceptó al Señor y fue liberada de la depresión y el espíritu de suicidio. ¡Dios rescató a esta joven del puño de la muerte! El Señor usará a quien sea que se disponga para Él. Cuando la revelación de la voluntad de Dios abunda ¡su gloria se manifiesta!

Estudio 8

LA TRANSICIÓN DE LA UNCIÓN A LA GLORIA

"Para que el Dios de nuestro Señor Jesucristo, el Padre de gloria, os dé espíritu de sabidu-
ría y de revelación en el conocimiento de él".
—Efesios 1:17

Introducción

La revelación o conocimiento revelado nos lleva a experimentar la gloria de Dios; y recibimos revelación a medida que nos acercamos más a Él. La mayoría de nosotros se queda en los ámbitos de la fe y de la unción. Para hacer la transición de la unción a la gloria, debemos reconocer a quien recibe la revelación, desarrollar una mentalidad redimida acorde con la perspectiva divina, permitirle a Dios ser Dios, respetar la gloria y darnos cuenta de que la revelación viene sólo a aquellos que de verdad tienen hambre y sed de Él.

Preguntas de estudio

Parte I: ¿Quién recibe la revelación?

1. (a) ¿A quién Dios le revela su *"pacto"*? Complete lo siguiente:

    Salmos 25:14: *"La comunión íntima de Jehová es con* _____ _____ ____

    _____*, y a ellos* _____ _____ ____ _____*"*.

(b) ¿Qué les dijo Moisés a los israelitas con respecto a aquellos a quienes les pertenece la revelación de Dios, tanto como la razón por la que se las da? Complete lo siguiente:

Deuteronomio 29:29: *"Las cosas secretas pertenecen a Jehová nuestro*

Dios; mas las reveladas son para _____ _____ _____

_____ _____ _____ _____ *, para que*

_____ _____ _____ _____ _____ _____

_____ _____ *"*.

2. ¿A través de quién revela Dios lo que tiene preparado para los que lo aman? (1 Corintios 2:10a)

_____

Muchos creyentes nunca han experimentado
la gloria de Dios por falta de revelación y conocimiento.

---

3. ¿Qué le dijo Dios a Jeremías que haría si clamaba a Él? (Jeremías 33:3)

_____

_____

4. Así como Pablo oró por los efesios ¿qué debemos pedir diariamente en oración para que el *"Padre de gloria"* nos lo dé? (Efesios 1:17b)

_____

REFLEXIONES ACERCA DE LA COMUNIÓN CON DIOS

Dios comparte sus secretos solo con aquellos que lo reverencian y respetan, no con sus enemigos, que desprecian y rechazan sus secretos, no con aquellos que se conforman con respecto a Él y sus caminos. La comunión íntima con Dios es parte del pacto que tenemos con Él a través de Cristo Jesús, y Él nos da su revelación a aquellos que son humildes de corazón. Cuando la gente no reverencia al Señor, no puede recibir las verdades de la palabra de Dios enseñadas por predicadores y maestros. En dichos casos, su incapacidad de recibir las verdades de Dios no se debe a una falta de parte de los predicadores o maestros sino al estado del corazón de esta gente.

Parte II: Jesús abrió el camino a la revelación constante

5. Bajo el viejo pacto, sólo el sumo sacerdote podía entrar al Lugar Santísimo, en el templo, una vez al año, el día de expiación, para hacer la restitución por el pecado del pueblo. El Lugar Santísimo estaba separado por una cortina o velo, porque allí era donde se manifestaba la presencia de Dios sobre el asiento de misericordia del arca del pacto. ¿Qué le pasó a este velo en el templo en el preciso momento en que Jesús moría en la cruz? (Mateo 27:51a)

   _____

6. (a) ¿Cómo nos reconcilió Jesús con Dios? Complete lo siguiente:

   Hebreos 6:20: *"Jesús entró por nosotros como precursor, _____ _____*

   _____ _____ _____ según el orden de

   Melquisedec".

   (b) ¿Con qué entró Jesús al Lugar Santísimo, o cielo, *"habiendo obtenido eterna redención"* (Hebreos 9:12)? (Hebreos 9:12a)

   _____

   (c) ¿Cuántas veces entró y por quiénes? Complete lo siguiente:

   Hebreos 9:12b: *"Entró _____ _____ _____*

   _____ en el Lugar Santísimo…".

7. ¿A dónde más podemos entrar ahora, a través de nuestra fe y esperanza en Jesús? Complete lo siguiente:

   Hebreos 6:19b: *"…y que penetra hasta _____ _____ _____".*

8. (a) Gracias a lo que Jesús hizo por nosotros, ¿cómo podemos entrar en el Lugar Santísimo y por medio de qué? (Hebreos 10:19)

_____

(b) Cuando estamos en la presencia de Dios, ¿cómo podemos acercarnos a Él? (Hebreos 10:22a)

_____

9. Ahora que estamos en paz con Dios y tenemos acceso a su gracia a través de nuestra fe en Cristo Jesús, ¿en qué nos gloriamos? (Romanos 5:2)

_____

DEFINICIONES CLAVE: En Hebreos 10:19, la palabra traducida como "*libertad*" es la palabra griega *parrhesia*, que significa "libertad de expresión, discurso irrestricto; hablar abiertamente y con honestidad". Esta definición nos ayuda a entender que "sólo creer" en lo que Jesús hizo por nosotros no es suficiente. Debemos decirlo, declararlo y decretarlo. El redimido debe testificar diciendo: "Soy redimido" (vea Salmos 107:2).

Parte III: Desarrolle una nueva estructura de pensamientos

10. Nuestra redención en Jesús, por la cual podemos entrar a la presencia de Dios, implica una nueva mentalidad. ¿Qué dijo Dios acerca del pacto que haría con su pueblo a través de Cristo? (Hebreos 10:16b)

_____

_____

11. ¿Con qué (tres) aspectos de nuestro ser dijo Jesús que debemos amar a Dios enteramente? (Mateo 22:37)

_____

12. Dado que hemos sido *"resucitado*[s] *con Cristo"* (Colosenses 3:1), ¿en qué debemos "poner" nuestra mente? (Colosenses 3:2)

    _____

13. Usando el modelo de oración de Jesús como patrón, ¿qué deberíamos orar como reflejo de nuestra nueva mente en Cristo? (Mateo 6:10)

    _____

14. Según Jesús, ¿qué es posible para quienes creen en Dios? (Marcos 9:23b)

    _____

Cuando el espíritu de sabiduría y revelación está ausente, la iglesia imparte sólo información y conocimiento natural, y la gente no es transformada.

Parte IV: Deje que Dios sea Dios

15. (a) ¿Qué debemos hacer en reconocimiento de Dios? (Salmos 46:10a)

    _____

    (b) ¿Dónde será exaltado Dios? (Salmos 46:10b)

    _____

16. (a) ¿El ejemplo de quién estaba siguiendo Jesús al realizar sanidades y milagros específicos? (Juan 5:19b)

    _____

    (b) ¿Por qué el Padre le mostraba al Hijo todo lo que hacía? (Juan 5:20a)

    _____

17. (a) En el huerto de Getsemaní, ¿qué dijo Jesús que reflejaba su compromiso interno de rendir su vida por completo a Dios y sus soberanos propósitos? (Mateo 26:39b)

_____

(b) ¿   Qué debemos hacer para seguir sus pasos? (Mateo 16:24b)

_____

(c) ¿Qué les sucederá a aquellos que quieran salvar su vida, y qué les sucederá a los que pierdan su vida por causa de Cristo? (Mateo 16:25)

_____

18. Siendo el Hijo de Dios, ¿por qué medio aprendió Jesús la obediencia? (Hebreos 5:8b)

_____

Ningún conocimiento o revelación es nuestro hasta que lo hayamos obedecido y practicado.

---

19. ¿Qué sentir tenía Jesús, que nosotros también debemos tener? (Vea Filipenses 2:5). Complete lo siguiente:

(a) Filipenses 2:7: "…*sino que* _____ _____ _____

_____ _____, *tomando forma de siervo…*".

(b) ¿Qué hizo Cristo que nosotros debemos imitar? Complete lo siguiente:

Filipenses 2:8: "*Y estando en la condición de hombre, se* _____

_____ _____ _____, _____

_____ _____ _____ _____, *y*

_____ _____ _____".

Parte V: Respete la gloria

20. (a) ¿Qué hizo Uza, el sacerdote, cuando el carro que transportaba el arca del pacto a Jerusalén se tambaleó? (2 Samuel 6:6)

_____

(b) ¿Qué le hizo Dios a Uza por esta acción, y por qué? (2 Samuel 6:7)

_____

REFLEXIONES ACERCA DEL CASTIGO DE UZA

El arca del pacto llevada a Jerusalén en un carro tirado por asnos no fue transportada de acuerdo con las instrucciones que Dios le diera a Moisés. Debía ser llevado por los Levitas (ver Deuteronomio 10:8), levantada sobre sus hombros por palos de madera (ver Éxodo 25:13–15). En el Antiguo Testamento, ni siquiera los sacerdotes tenían permitido tocar el arca ni examinar su contenido. Si bien Uza pertenecía a la tribu de Leví, no respetó la presencia de Dios representada por el arca, cuando la sostuvo. Este incidente nos demuestra que no debemos familiarizarnos con la presencia de Dios en nuestra vida o nuestro medio cuando nos reunimos como creyentes; ¡es una atrocidad! El final de Uza nos enseña a ser reverentes con Dios. Él es el único digno de adoración y honra. Estos versículos básicamente revelan la importancia de conocer y entender la gloria de Dios, de modo que podamos caminar en ella, vivir en ella, y experimentarla sin ofender a Dios. De otro modo, nos exponemos a la disciplina, el castigo y, tal vez, incluso la muerte.

21. (a) ¿Qué dijo el rey Nabucodonosor acerca del reino de Babilonia, y de sí mismo? (Daniel 4:30)

_____

_____

(b) ¿Qué castigo le dijo Dios al rey que recibiría por tomar la gloria para sí mismo? (Daniel 4:31–32a)

_____

_____

(c) Este castigo duraría siete años, hasta que el rey reconociera cierta verdad. ¿Cuál era esa verdad? (Daniel 4:32b)

_____

_____

(d) ¿Qué les puede hacer Dios a aquellos que andan con soberbia? (Daniel 4:37b)

_____

(e) ¿A quién bendijo, alabó y honró Nabucodonosor después de los siete años? ¿Por qué? (Daniel 4:34b)

_____

_____

22. (a) Siglos más tarde, cuando el rey Herodes Agripa I de Palestina se sentó en su trono vestido con ropas reales, ¿qué gritaba la gente? (Hechos 12:22)

_____

(b) ¿Qué le sucedió a Herodes y por qué? (Hechos 12:23a)

_____

_____

23. ¿Cuáles fueron las dos ofensas que cometieron Ananías y Safira contra el Espíritu Santo, y que resultaron en su muerte? (Hechos 5:3a, 9a)

_____

24. (a) Durante la transfiguración de Jesús, Pedro le dijo que haría tres enramadas; una para Él, otra para Moisés y otra para Elías. ¿Tenía idea de lo que estaba diciendo? (Lucas 9:33b)

_____

(b) ¿Qué les dijo, a Pedro y a los otros discípulos, la *"voz"* desde la nube para enfatizar el respeto, la gloria y la honra que eran debidos sólo a Jesús? (Lucas 9:35b)

_____

Parte VI: La revelación viene a aquellos que tienen hambre y sed

25. ¿Qué le prometió Jesús a quienes lo aman y guardan su Palabra? (Juan 14:23b)

_____

26. ¿Quiénes dijo Jesús que serían saciados espiritualmente? (Mateo 5:6a)

_____

27. (a) ¿Qué dijo Jesús que les era dado a sus discípulos? (Mateo 13:11a)

_____

(b) ¿Por qué cierta gente carece de esta habilidad? (Mateo 13:15a)

_____

(c) ¿Por qué dijo Jesús que los ojos y los oídos de los discípulos eran bienaventurados? (Mateo 13:16)

_____

DEFINICIÓN CLAVE: Espiritualmente hablando, un *misterio* es algo que no puede ser percibido o conocido por medios naturales. Es un conocimiento que sólo Dios tiene, y que la única manera de que el ser humano acceda al mismo es por la revelación del Espíritu Santo.

El conocimiento de la gloria de Dios pertenece al ámbito de los misterios de Dios.

Conclusión

Jesús nos mostró el camino de la obediencia como el único camino para alcanzar la madurez y disfrutar la vida eterna; ningún rebelde entrará en el reino de los cielos. Jesús tuvo que renunciar a su propia voluntad para hacer la del Padre. Cuando se negó a sí mismo y fue a la cruz a cumplir el propósito de salvación del Padre, fue el cenit de toda la negación a sí mismo que había practicado a lo largo de su vida en la tierra.

Nosotros también debemos negarnos a nosotros mismos para poder cumplir la voluntad del Padre en nuestra vida. Debemos decir no a nuestra naturaleza rebelde y pecaminosa. Cuando el ego dice: "Yo quiero", debemos responderle: "¡No!". No podemos negociar con él; sino que debe morir para que Jesús pueda vivir a través de nosotros.

Todos los hijos de Dios deben seguir el ejemplo de Jesús para ser perfeccionados en santidad a través del sufrimiento (ver Hebreos 5:8–9). En la iglesia de hoy, el concepto de sufrimiento rara vez se menciona; y en muchos casos, incluso es rechazado. Alguna gente ha llegado al extremo de tratarlo como una mala palabra porque se rehúsa a aceptar el sufrimiento que acompaña la obediencia total a Dios y su Palabra. Pero cuando escogemos andar por la senda de la obediencia, lo cual implica la muerte del "yo" e incluye sufrimiento, Dios puede glorificarse y manifestarse a través de nosotros. Las Escrituras dicen:

Porque la tierra será llena del conocimiento de la gloria de Jehová, como las aguas cubren el mar.
(Habacuc 2:14)

El Señor nos promete tanto conocimiento de su gloria que las manifestaciones llenarán el planeta que habitamos. Comenzarán a suceder milagros extraordinarios que jamás han sido vistos antes. ¿Por qué? Porque la humanidad está recibiendo el conocimiento revelado de la gloria de Dios. Conocer a Jesús es traer su realidad, su dominio, su vida y su poder a la tierra.

Oración de activación

Padre de la gloria, te honramos y adoramos. Muéstranos cosas grandiosas y ponderosas a través del espíritu de sabiduría y revelación en el conocimiento de ti. Haznos conocer todo lo que tienes para nosotros en el nuevo pacto que hicimos a través de tu Hijo, Jesús. Impártenos los misterios del reino de Dios, para que podamos servirte cada vez más y mejor. Venga tu reino y hágase tu voluntad aquí en la tierra como en el cielo. En el nombre de Jesús, ¡amén!

Pasos para la acción

+ Escriba diez puntos que haya aprendido de las Escrituras o de las enseñanzas bíblicas acerca de las prioridades de Dios para su vida y para el mundo. Luego, repáselos y comience a alinear su vida con cualquiera de esas prioridades a las que no les haya estado poniendo mucha atención. Por ejemplo, puede orar acerca de cómo ministrar espiritualmente a una viuda o huérfano, y luego seguir la guía del Espíritu Santo para hacerlo. Cuando haya alineado su vida con las prioridades de Dios, pídale que le dé conocimiento revelado para poder saber más acerca de su voluntad para su vida, y obedezca.

+ ¿En qué está poniendo su mente, en las cosas de la tierra o en las cosas de arriba? En las próximas dos semanas, evalúe en qué piensa y qué hace la mayor parte de su tiempo. ¿Se siente tentado a leer chismes de la farándula? ¿Está todo el tiempo preocupado? Si bien el descanso, la sana recreación y atender nuestras necesidades diarias es importante para todos, si usted está distraído de lo que es importante para Dios por asuntos triviales o preocupación excesiva, tome una decisión consciente de poner su mente en las cosas de arriba, memorizando y meditando la palabra de Dios. Comience a memorizar las Escrituras relacionadas con un tema espiritual en particular o un capítulo de un libro del Nuevo Testamento. Memorice uno o dos versículos cada día y luego medite acerca de ellos durante las siguientes 24 horas, antes de pasar a los siguientes.

EXPERIENCIAS CON LA GLORIA DE DIOS

Dios da conocimiento sobrenatural acerca de un complot para un asesinato

El Pastor Jorge Pompa de Nuevo León, México, fue entrenado y equipado en el poder sobrenatural de Dios, de modo que los dones comenzaron a fluir, y el crecimiento comenzó a manifestarse en su ministerio. Dios lo llevó a un nuevo nivel de autoridad y dominio; hoy tiene una congregación de 1500 personas.

El Pastor Pompa asistió a unas sesiones de la Escuela Sobrenatural del Ministerio Quíntuple en el Ministerio El Rey Jesús, un evento para entrenar líderes y pastores. Durante el mismo, el Pastor Guillermo Maldonado ministró y desató osadía sobre el liderazgo a través de la Santa Cena. Cuando el Pastor Pompa regresó a su país, Dios le mostró que iba a ocurrir un intento de asesinato contra el alcalde de la ciudad, el cual se llevaría a cabo antes del 24 de febrero de ese año. Él puso en práctica la osadía que había recibido, le envió al alcalde un mensaje urgente pidiéndole una cita para verlo. En su ciudad, es muy difícil que un ciudadano común se pueda reunir con un alcalde, pero no obstante, él fue invitado a concurrir a la oficina de éste. Cuando llegó allí, a la hora de la cita, dijo: "Señor, yo no soy un don nadie ni alguien guiado por una emoción. Yo vengo a decirle que Dios me dijo que habrá un intento de asesinato contra usted antes del 24 de este mes". El mayor se quedó callado y muy serio, y el pastor le advirtió que la única manera que Dios tenía de salvarlo era que este hombre dejara las prácticas de brujería, porque eran una abominación delante de Él. Aquel hombre bajó la cabeza y comenzó a llorar. El pastor oró por él y declaró que no moriría. Cuando terminó, el alcalde le confesó que había recibido una amenaza de muerte diciendo que si no dejaba la ciudad antes del 24 de febrero, lo matarían. ¡No tuvo que irse! El poder de Dios obró a su favor y, hasta el día de hoy, Dios lo protege, a él y a su familia. Pero eso no es todo, la osadía del Pastor Pompa lo llevó a ser el primer pastor cristiano en recibir las llaves de la ciudad.

Pasión por buscar la presencia de Dios

"Jehová, la habitación de tu casa he amado, y el lugar de la morada de tu gloria".
—Salmos 26:8

Introducción

Un problema serio en la iglesia de hoy, especialmente en los Estados Unidos, es que a medida que la gente crece espiritualmente y es bendecida por Dios, va perdiendo conciencia de su necesidad de Él, de su presencia y su poder. No podemos tener hambre y sed de algo que no estamos conscientes de necesitar.

Algunas personas tienen un deseo mental de buscar a Dios, pero no tienen pasión por ello. Este tipo de "deseo" es una actitud mental pasiva; es tan solo un anhelo o ansias de alcanzar algo sin acompañarlo de una acción para lograrlo. La pasión, por otro lado, es una fuerza impulsora, una energía espiritual, que le da forma a nuestro estilo de vida, mentalidad y acciones. Cuando una persona está apasionada por conseguir algo, cada pensamiento y gramo de energía son dedicados a buscar y lograr ese objetivo deseado. Nuestra estructura mental, nuestras conversaciones y nuestras prioridades están basadas en la verdadera pasión de nuestro corazón. El simple deseo nunca ha llevado a nadie a lograr nada. ¡Necesitamos pasión espiritual!

No podemos conformarnos con el encuentro inicial que tuvimos con Jesús como Salvador; debemos buscarlo continuamente para tener encuentros y experiencias con Él y llegar a conocerlo de manera más plena en todas sus facetas. No podemos contentarnos con sólo saber *acerca* de Él. Debemos conocerlo *a Él*. Entonces, podremos experimentar su maravilloso amor, gracia, fuerza y poder. En este estudio, veremos cómo desarrollar una pasión por la presencia de Dios, comenzando con los ejemplos de Moisés, David y Pablo.

Preguntas de estudio

Parte I: El anhelo de Moisés por la presencia de Dios

1. (a) Cuando los israelitas vieron las manifestaciones de la presencia de Dios en el Monte Sinaí, ¿cómo reaccionaron? (Éxodo 20:18b)

   _____

   (b) ¿Qué le dijo la gente a Moisés con respecto a la manera en que querían recibir las comunicaciones de Dios? ¿Por qué? (Éxodo 20:19)

   _____

   _____

   (c) ¿Qué les dijo Moisés para animarlos a acercarse a Dios? (Éxodo 20:20)

   _____

   _____

   (d) Al ver que la gente seguía "a lo lejos", ¿qué hizo Moisés? (Éxodo 20:21)

   _____

2. (a) ¿Qué respondió el Señor cuando Moisés le preguntó a quién enviaría para ayudarle a sacar a los israelitas de Egipto? (Éxodo 33:14)

   _____

   (b) Cuando Moisés pidió que la presencia de Dios fuera con toda la nación de Israel, a pesar de que había sido un *pueblo de dura cerviz* (Éxodo 33:3, 5), ¿qué fue lo primero que Dios le respondió? (Éxodo 33:17a)

   _____

   (c) ¿Por qué dijo Dios que haría esto? (Éxodo 33:17b)

   _____

3. (a) ¿De qué manera le hablaba Dios a Moisés? (Éxodo 33:11a; Números 12:8a)

    _____

    (b) ¿Qué razón dio Dios para hablar con Moisés de tal manera? (Números 12:7b)

    _____

4. (a) ¿Por qué Dios permitió que los israelitas oyeran su voz desde los cielos y de en medio del fuego? (Deuteronomio 4:36a)

    _____

    (b) ¿Por qué Dios permitió que el pueblo viera su figura cuando les habló de en medio del fuego? (Deuteronomio 4:16a)

    _____

    (c) En contraste con los deseos corruptos e idólatras del pueblo, ¿cuál era el deseo puro de Moisés? (Éxodo 33:18)

    _____

Parte II: El celo de David por Dios

5. ¿Cuál fue la razón de Dios para elegir a David como rey de Israel en lugar de Saúl? Complete lo siguiente:

    1 Samuel 13:14: *"Jehová se ha buscado* _____ _____ _____ _____

    _____ _____...".*

6. (a) ¿Qué dijo David acerca de la posición que le daba a Dios en su vida? (Salmos 16:8a)

    _____

    (b) ¿Qué había descubierto David que se podía encontrar en la presencia de Dios y a su diestra? (Salmos 16:11b)

    _____

7. ¿Qué amaba David? (Salmos 26:8)

_____

8. (a) ¿Qué *"única cosa"* había deseado David del Señor, que dijo que buscaría?
    (Salmos 27:4a)

_____

(b) ¿Qué (dos) razones dio por las que deseaba eso? (Salmos 27:4b)

_____

(c) ¿Cómo respondió el corazón de David cuando Dios le dijo: *"Buscad mi rostro"*?
    (Salmos 27:8)

_____

La sed y pasión de David por buscar la presencia de
Dios lo hicieron un hombre conforme a su corazón.

---

9. (a) ¿Cuándo dijo David que buscaría a Dios? (Salmos 63:1a)

_____

(b) ¿Con qué vívida metáfora expresó su deseo por Dios? (Salmos 63:1b)

_____

_____

(c) ¿Dónde buscó David a Dios? (Salmos 63:2b)

_____

(d) ¿Qué quería ver allí? (Salmos 63:2a)

_____

(e) ¿En qué otro momento dijo David que se acordaba de Dios y meditaba en Él? (Salmos 63:6)

_____

10. (a) Cuando David asumió como rey de Israel, una de sus primeras obras fue traer de vuelta el arca —y con ella, la presencia manifestada de Dios— a Jerusalén, donde había establecido su residencia y su asiento de gobierno. ¿Qué hizo David para celebrar la entrada del arca a Jerusalén? (2 Samuel 6:14a)

_____

(b) ¿Cómo fue descrita esta expresión de gozo en Dios sin reservas? Complete lo siguiente:

2 Samuel 6:16b: *"...al rey David que* _____ _____

_____ *delante de Jehová..."*.

Parte III: El intenso deseo de Pablo por la intimidad con Cristo

11. ¿Qué deseaba conocer Pablo? (Filipenses 3:10)

_____

_____

12. (a) ¿Qué consideraba Pablo como pérdida comparado con la excelencia del conocimiento de Cristo Jesús, su Señor? (Filipenses 3:8a)

_____

(b) ¿Qué razón dio para contar estas cosas *"por basura"*? Complete lo siguiente:

Filipenses 3:8b–9a: *"...y lo tengo por basura,* _____ _____ _____

_____, *y* _____ _____ _____ _____*."*.

13. Pablo mostró su anhelo por el retorno de Jesucristo y por estar en su presencia, con la afirmación que hizo acerca de la venida de Cristo. Complete lo siguiente:

(a) Filipenses 3:20b: "*…de donde también _____ al salvador, al Señor Jesucristo*".

(b) 2 Timoteo 4:8b: "*…a todos los que _____ _____*

_____*".*

14. ¿Qué quería Pablo que entendieran los efesios (y todos los creyentes) con respecto al amor de Dios —el cual evidentemente había experimentado en comunión con Él—? (Efesios 3:18b)

_____

REFLEXIONES ACERCA DE CONOCER A DIOS

En los idiomas originales de la Biblia, se usaron varias palabras para el verbo "conocer". *Gnosis*, que es una palabra griega que alude al conocimiento informativo, mental, teórico y científico; *epignosis*, también griega, que indica conocimiento experimental o adquirido por la práctica o la experiencia a nivel personal; se refiere a tener intimidad con otro individuo o conocer a esa persona íntimamente. *Yadá* es una palabra hebrea que significa tener un conocimiento íntimo de, o conocer a alguien a un nivel íntimo. La voluntad de Dios es que cada creyente lo experimente a Él —que tenga encuentros íntimos, cara a cara con Él—. Lo que Pablo estaba diciendo en Efesios 3:18–19 ("*y de conocer el amor de Cristo*") es que debemos alcanzar el *epignosis*, el amor de Cristo que excede todo *gnosis*.

Parte IV: Sedientos de Dios

15. (a) Como repaso, ¿qué clase de *"cisternas"* había cavado el pueblo para sí mismo en lugar de confiar en Dios? (Jeremías 2:13b)

_____

(b) ¿Qué tipo de fuente se llamó el Señor a sí mismo, la cual los israelitas habían olvidado? (Jeremías 2:13a)

_____

16. (a) ¿De quién tenía sed el salmista? (Salmos 42:2a)

_____

(b) ¿Cómo le expresó el salmista su sed a Dios? (Salmos 42:1a)

_____

17. ¿Qué dijo Jesús que debíamos hacer si estábamos sedientos espiritualmente? Complete lo siguiente:

Juan 7:37b: *"Si alguno tiene sed,* _____ _____ _____ _____

_____*"*.

18. (a) ¿Qué ocurrirá en las vidas de aquellos que crean en Jesús? (Juan 7:38b)

_____

(b) ¿A quién se refería Jesús con esta metáfora? (Juan 7:39)

_____

Parte V: La pasión por Dios lleva al conocimiento revelado

19. (a) ¿Qué clase de hombre era Simeón? (Lucas 2:25a)

_____

(b) ¿Qué había estado esperando? (Lucas 2:25b)

_____

(c) ¿Quién estaba sobre Simeón? (Lucas 2:25b)

_____

(d) ¿Qué le había revelado el Espíritu Santo? (Lucas 2:26)

_____

(e) ¿Por la dirección de quién fue Simeón al templo? (Lucas 2:27a)

_____

(f) Después de que Simeón reconociera a Jesús como el Mesías, lo hubiera tomado en sus brazos y bendecido a Dios, ¿con qué palabras afirmó que Dios había cumplido la revelación que le había dado? (Lucas 2:29)

_____

20. (a) ¿Cómo se describe a Zaqueo? (Lucas 19:2b)

_____

(b) En sus ansias por saber quién era Jesús, ¿qué hizo Zaqueo —dado que era de baja estatura—? (Lucas 19:4)

_____

(c) ¿Qué le dijo Jesús a Zaqueo cuando lo vio subido al árbol? (Lucas 19:5)

_____

(d) Después de que Zaqueo recibiera la revelación de quién era Jesús y se arrepintiera de sus pecados, ¿qué les dijo Jesús a los espectadores escépticos? Complete lo siguiente:

Lucas 19:9: _"Hoy _____ _____ _____ ____

_____ _____, por cuanto él también es hijo de Abraham"._

(e) Jesús le dijo a Zaqueo que debía posar en su casa ese día. ¿A qué se podría estar refiriendo, en sentido espiritual —una verdad que vimos en el estudio anterior—? (Juan 14:23)

_____

_____

Permanecer conscientes de nuestra necesidad de la presencia de Dios
nos mantiene hambrientos y sedientos de la misma.

---

21. (a) La mujer samaritana en el pozo vino a la presencia de Jesús y esto la llevó a desarrollar una sed mayor por Dios. ¿Qué le dijo Jesús que le sucedería a quien bebiera el agua que Él daba? (Juan 4:14a)

_____

(b) ¿En qué se convertiría el agua dentro de esa persona? (Juan 4:14b)

_____

(c) ¿Qué verdad profunda acerca de Dios y sus verdaderos adoradores le dijo Jesús a la mujer samaritana cuando ella le preguntó cuál era la manera correcta de adorar? (Juan 4:24)

_____

_____

El hambre y la sed de Dios activan su provisión.
Él no se manifestará donde no hay necesidad.

Parte VI: Desarrolle una pasión por Dios

22. ¿De qué manera mostramos nuestra pasión por Dios? (Mateo 22:37)

_____

23. ¿Sobre qué podemos edificar nuestro amor por Dios? (1 Juan 4:19)

_____

24. (a) ¿Con qué clase de amor ha amado Dios a su pueblo? (Jeremías 31:3a)

_____

(b) ¿Qué acción ha tomado hacia su pueblo como consecuencia de este amor? (Jeremías 31:3b)

_____

25. (a) ¿Qué le dice Dios, con amor pero firme reprensión, a la iglesia de Laodicea que hará debido a su estado de tibieza espiritual o su falta de pasión por Él y sus caminos? (Apocalipsis 3:16)

_____

(b) ¿Qué les dice que hagan en respuesta a su reprensión? (Apocalipsis 3:19b, NVI)

_____

(c) ¿Cómo describe David la actitud del Señor hacia su pueblo? (Salmos 103:8)

_____

26. (a) ¿En qué tiempo nos anima el Señor a buscarlo y a llamarlo? (Isaías 55:6)

_____

(b) ¿Qué hará Dios cuando nos arrepintamos y nos volvamos a Él? (Isaías 55:7b)

_____

27. (a) ¿Qué oró el salmista, que resume su pasión por Dios? (Salmos 73:25)

_____

_____

(b) Aun cuando nuestra carne y nuestro corazón desfallezcan, ¿qué será Dios para nosotros? (Salmos 73:26)

_____

La clave para conseguir algo que uno realmente quiere es estar dispuesto a arriesgar lo que sea con tal de lograrlo.

Conclusión

Debemos pedirle al Espíritu Santo que nos dé el deseo y la sed por el agua viva de Dios. Cuando somos bautizados con el Espíritu Santo, con la evidencia de hablar en otras lenguas, comenzarán a correr ríos de agua viva en nuestro interior; si bien el bautismo con el Espíritu Santo es sólo la llenura inicial por la cual experimentamos el poder y la vida sobrenaturales del Espíritu Santo. Después de eso, debemos buscar ser llenos continuamente. Esta llenura nos capacita para caminar en el Espíritu en todo momento, a largo plazo. De otro modo, nos secaremos, más allá de cuán grandiosa y poderosa haya sido esa primera llenura. Nunca deberíamos parar de ser llenos del Espíritu Santo.

Es más, tampoco es suficiente con ser tocado con el Espíritu Santo o recibir una bendición personal de Él. Una vez que nuestra sed ha sido saciada, podemos orar por los enfermos, testificar de Jesús y convertirnos en instrumentos útiles de Dios que bendigan a mucha otra gente. Pero, para mantener estos ministerios, debemos volver a Jesús, a "beber".

Lo raro es que cuando los creyentes buscan a Dios, volviendo continuamente a beber de su agua viva, a través del ayuno, la oración, la adoración y la intercesión, a menudo son tachados de fanáticos. Sin embargo, estos buscadores entienden que hay multitudes de gente perdida en el mundo, y su deseo es ayudarlas. Ellos saben que hay gente atrapada en adicciones, otra está confundida, en desesperanza, otra está sufriendo la ruptura de su hogar, y otra está al borde del suicidio. Esta gente necesita recibir la revelación de esperanza y restauración, y esto es posible a través de nuestro testimonio, si continuamos siendo llenos con el Espíritu Santo y con poder.

Oración de activación

Padre de la gloria, nuestro mayor deseo es para ti. Como David, te ponemos siempre delante de nosotros. Nos comprometemos a buscar tu rostro. Nuestra alma tiene sed de ti, como en tierra seca y árida. Sacia nuestra sed con tu agua viva; que fluya de nuestro corazón para llevar salvación, sanidad y liberación a las multitudes que te necesitan. En el nombre de Jesús, amén.

Pasos para la acción

+ Si usted tiene sólo un deseo lejano de buscar a Dios pero quiere cambiarlo por una pasión verdadera, ore para que el Espíritu Santo descienda sobre usted con su fuego y lo llene con su pasión. Pídale a Dios que lo libere del letargo espiritual y que encienda en su interior la llama del amor espiritual y el celo por Él.

♦ Una pasión por Dios comienza, generalmente, con un compromiso, no un sentimiento; y se mantiene con una renovación constante de dicho compromiso. Tome la decisión de encontrarse con Dios cada día en un lugar tranquilo, libre de distracciones. Derrame su corazón delante de Él, alábelo por lo que ha hecho en su vida, y luego espere en silencio en su presencia, con un espíritu de adoración. Haciendo esto a diario, con sinceridad y con el conocimiento de que el Espíritu de Dios lo ayudará en su debilidad humana, su pasión por Dios, su amoroso Padre celestial, crecerá.

EXPERIENCIAS CON LA GLORIA DE DIOS

Señales y maravillas en medio de la selva peruana

Hace unos años, el Pastor Guillermo Maldonado ministró a miles de pastores y otros líderes de la iglesia en Trujillo, Perú. Durante toda la conferencia, podía ver una bandera en un sector del estadio que decía: "Hijos del reino en la selva peruana". Ese sector era el más bullicioso en la alabanza; ¡danzaban y saltaban sin parar! Después del servicio, este grupo pidió hablar con el Pastor Maldonado, así que él los recibió en el hotel donde se alojaba. Lo que el pastor oyó de esta gente lo movilizó más allá de las palabras.

En medio de la selva peruana, donde hay mínimos recursos económicos, y donde la asistencia médica es escasa, esta gente estaba haciendo una revolución espiritual. El grupo había viajado más de 24 horas por tierra para llegar a Trujillo en busca de la oportunidad de pedir la cobertura espiritual del Ministerio El Rey Jesús. Ellos le explicaron lo duro que habían trabajado para reunir el dinero suficiente para comprar el material del ministerio, el cual estaba transformando vidas. La gente estaba siendo liberada de la religiosidad. La alabanza se había revolucionado en sus iglesias, y habían aprendido a oír la voz de Dios. Era una gente radical, ¡y las señales del creyente los seguían! Iban al escondedero de los drogadictos, los guiaban a Cristo y los liberaban. Ministraban sanidad a los enfermos y liberación a los poseídos por demonios. Los hospitales les habían enviado los casos sin solución. Su hambre y sed por Dios y por su poder estaban desatando su mano de justicia a su favor.

Uno de sus pastores, Benito Risco, compartió testimonios específicos de lo que Dios estaba haciendo en la selva peruana. Un alcalde del área sufría de cáncer en la piel, al grado que cuando se tendía, su piel se pegaba a la ropa. Su cuerpo era una sola llaga. Había agotado todos los recursos buscando una cura, pero los médicos no le habían dado esperanza de recuperación. El Pastor Benito y su gente le compartieron el evangelio y él recibió a Jesús en su corazón y asistió a un retiro de liberación, donde fue libre de la falta de perdón, entre otras cosas. A la siguiente semana, comenzó a notar que su piel lucía como nueva. Donde había antes una llaga al lado de la otra, ahora tenía una piel normal y sana. ¡Jesús lo había sanado por completo! Los médicos no pudieron explicar lo que había sucedido.

En otro caso, un hombre de veintitrés años, que estaba en la última etapa del SIDA había sido enviado del hospital a su casa a morir, y estaba sufriendo convulsiones. El Pastor Benito lo visitó, lo guio a Cristo y oró por su sanidad, y el joven está hoy ¡completamente sano!

El Pastor Benito supervisa treinta iglesias con más de cinco mil creyentes, en el medio de la selva. Están produciendo un gran fruto, manifestando milagros y señales. Si bien han sufrido persecución por manifestar el poder de Jesús, ellos han escogido obedecer la voz de Dios porque quieren ver a la gente salva y llevar respuestas a sus necesidades. Su sed por Dios los mantiene buscando más y más de Él, ¡y las señales los siguen!

Estudio 10

Condiciones, recompensas y beneficios de la gloria

"Si se humillare mi pueblo, sobre el cual mi nombre es invocado, y oraren, y buscaren mi rostro, y se convirtieren de sus malos caminos; entonces yo oiré desde los cielos, y perdonaré sus pecados, y sanaré su tierra".
—2 Crónicas 7:14

Introducción

Una pasión por Dios es fundamental para experimentar su gloria, además de lo que aprendimos en el capítulo anterior, la manera principal de desarrollar esta pasión es reconocer y cumplir cuatro condiciones espirituales para recibir las recompensas y beneficios de Dios. Ésas son las mismas condiciones que Él requería de los israelitas para darles sus bendiciones, y las mismas que nos pone a nosotros para que su justicia, avivamiento y gloria desciendan sobre nuestras ciudades y naciones. Si cumplimos estas condiciones, tres maravillosas recompensas y beneficios tomarán lugar, a la vez que Dios establece y expande su reino a en la tierra. Exploremos ahora las condiciones, recompensas y beneficios de la gloria.

Preguntas de estudio

Parte I: Cuatro condiciones para recibir las bendiciones de Dios

1. ¿Cuál fue la primera condición que Dios le puso a su pueblo para recibir las bendiciones de su gloria? (2 Crónicas 7:14a)

2. Similarmente, ¿qué dijo Jesús que se necesita para entrar en el reino de los cielos? (Mateo 18:3)

   _____

3. ¿Qué hará Dios si nos humillamos ante el Señor? (Santiago 4:10)

   _____

4. ¿Cuál es la segunda condición que Dios le puso a su pueblo para recibir las bendiciones de su gloria? Complete lo siguiente:

   2 Crónicas 7:14a (NVI): *"Si mi pueblo, que lleva mi nombre, se humilla y*

   _____...".

5. ¿Qué dijo Dios que haría si su pueblo se volvía a Él? (Zacarías 1:3)

   _____

6. ¿Qué necesitamos para que nos ayude en nuestras oraciones? Complete lo siguiente:

   Zacarías 12:10: *"Y derramaré sobre la casa de David, y sobre los moradores de Jerusalén,*

   _____ _____ _____ _____ _____ _____...".

7. ¿Cómo nos ayuda el Espíritu Santo a orar como debemos? (Romanos 8:26b, 27b)

   _____

   _____

8. ¿Qué dijo Santiago acerca de *"la oración eficaz del justo"*? (Santiago 5:16b)

   _____

9. ¿Cuál es la tercera condición que Dios le dio a su pueblo para recibir las bendiciones de su gloria? (2 Crónicas 7:14a)

_____

10. ¿Qué dijo Dios que sucedería si su pueblo le buscaba de todo corazón? (Jeremías 29:13)

_____

11. Para repasar, ¿cuál es el resultado supremo de nuestra búsqueda, el cual equivale a la vida eterna? (Juan 17:3b)

_____

12. ¿Cuál es la cuarta condición que Dios le puso a su pueblo para recibir las bendiciones de su gloria? (2 Crónicas 7:14a)

_____

13. (a) ¿En qué seremos salvados? (Isaías 30:15a)

_____

(b) ¿Qué produce la tristeza que es según Dios? (2 Corintios 7:10a)

_____

(c) ¿Qué produce la tristeza del mundo? (2 Corintios 7:10b)

_____

14. Parafrasee la instrucciones prácticas que les dio Juan el Bautista a los siguientes grupos para ayudarlos a entender cómo "[hacer]…*frutos dignos de arrepentimiento*" (Lucas 3:8).

(a) Al pueblo: (Lucas 3:11)

_____

_____

(b) A los recolectores de impuestos: (Lucas 3:13)

_____

(c) A los soldados: (Lucas 3:14)

_____

_____

15. (a) ¿Qué les dijo Jesús a los discípulos de la iglesia de Éfeso que habían dejado? (Apocalipsis 2:4b)

_____

(b) ¿Qué les dijo que hicieran para remediar esta situación? (Apocalipsis 2:5a)

_____

Parte II: Tres resultados de buscar a Dios

16. ¿Cómo se le llama a Dios con respecto a aquellos que lo buscan diligentemente? Complete lo siguiente:

Hebreos 11:6b: *"Dios…es _____ de los que le buscan".*

17. ¿Cuál sería el primer resultado que le dijo Dios a su pueblo que sucedería si cumplía las condiciones para recibir las bendiciones de su gloria? (2 Crónicas 7:14b)

_____

18. (a) ¿Qué razón dio el salmista para amar al Señor? (Salmos 116:1)

_____

(b) ¿Por qué dijo que invocaría al Señor todos sus días? (Salmos 116:2)

_____

19. (a) ¿Qué confianza podemos tener en Dios en lo que se refiere a nuestras oraciones? (1 Juan 5:14)

_____

(b) ¿Qué sabemos con relación a la seguridad de que Dios nos oye? (1 Juan 5:15)

_____

20. ¿Cuál es el segundo resultado que Dios le dijo a su pueblo que sucedería si cumplía las condiciones para recibir las bendiciones de su gloria? (2 Crónicas 7:14b)

_____

21. ¿Qué seguridad de perdón nos dan las Escrituras si confesamos nuestros pecados a Dios? (1 Juan 1:9)

_____

22. ¿Qué tan lejos ha movido Dios nuestras transgresiones? (Salmos 103:12)

_____

23. ¿Cuál es el tercer resultado que Dios le dijo a su pueblo que sucedería si cumplían con las condiciones para recibir las bendiciones de su gloria? (2 Crónicas 7:14b)

_____

REFLEXIONES SOBRE LA "TIERRA"

"_Tierra_" en 2 Crónicas 7:14 representa nuestra vida personal, familiar, ministerial, laboral, empresarial, comunitaria y nacional. En cada una de estas áreas, el ser humano tiene una gran necesidad de tener un encuentro personal con Dios. La gente anhela sanidad en su cuerpo y alma, pero también quiere prosperidad financiera y espiritual. Dios quiere sanar su "tierra" y terminar con las consecuencias del pecado y la separación de Él: confusión y falta de dirección, frustración, depresión, discordia, injusticia, drogadicción, el derramamiento de sangre inocente y mucho más. Sin embargo, la sanidad no sucederá hasta que nos humillemos, oremos, busquemos su presencia y nos alejemos de la maldad y la impiedad.

24. ¿Qué no les falta a aquellos que buscan al Señor? (Salmos 34:10b)

_____

25. Enumere varias maneras en que Dios bendijo a David. (Salmos 103:3–5)

_____

_____

_____

Parte III: Debemos buscar la gloria de Dios "hasta…"

26. (a) Si buscamos al Señor y nos volvemos de nuestros malos caminos, ¿en qué debemos "sembrar" para nosotros mismos, y qué debemos "hacer"? (Oseas 10:12a)

_____

(b) ¿En qué debemos "segar"? (Oseas 10:12a)

_____

(c) En Oseas 10:12, ¿qué frase indica que buscar al Señor puede tomar perseverancia? Complete lo siguiente:

Oseas 10:12b: *"Porque es el tiempo de buscar a Jehová,* _____ _____ *venga…"*.

(d) ¿Cuál será el resultado de sembrar en justicia y hacer barbecho? (Oseas 10:12b)

_____

27. Jesús nos animó a acercarnos a Dios de tres maneras, de las cuales veremos un resultado específico. Escriba sus instrucciones debajo. (Mateo 7:7)

_____

_____

_____

28. ¿De qué manera buscó el rey Ezequías a Dios que resultó siendo prosperado?
(2 Crónicas 31:21b)

_____

REFLEXIONES ACERCA DE LA PROSPERIDAD

La palabra *"prosperado"* en 2 Crónicas 31:21 es traducida del hebreo *tsalach*, y entre sus significados están "avanzar", "progresar", "tener éxito" o "tener ganancia". La prosperidad siempre está conectada con la presencia de Dios porque la prosperidad es más que estabilidad financiera; esta última es sólo una pequeña parte de la misma. La prosperidad va de la mano con ser capaz de hacer la voluntad de Dios, tener vida en nuestro espíritu y disfrutar de la salud en cuerpo y alma. Cuando buscamos a Dios o su presencia manifestada con pasión, Él desata su favor y gracia sobre nosotros, lo cual nos lleva a la provisión de todas nuestras necesidades. Es más, somos equipados para llevar las mismas bendiciones a nuestro círculo de influencia.

_____

29. ¿Qué sucederá si no nos cansamos de hacer el bien ni desmayamos? (Gálatas 6:9)

_____

Si aún no hemos experimentado un rompimiento en un área donde lo necesitamos, puede ser que nos falte hambre y sed de Dios.

Conclusión

Es tiempo de orar por un derramamiento del Espíritu Santo, por un avivamiento y por la manifestación de la gloria de Dios, para que nuestra vida, familia, ministerio, ciudad y nación puedan ser transformados. Dios está buscando gente comprometida a estar disponible a ser vasos para Él a través de los cuales pueda sanar y liberar.

Según mi experiencia, a la gente que realmente busca a Dios no le falta nada. Dios es fiel para cumplir su Palabra. Debemos seguir trabajando y cuidando a nuestra familia, pero busquemos a Dios primero, porque Él es nuestro verdadero Proveedor. Tal vez pasemos momentos en los que las cosas no vayan como queremos —en nuestra economía, salud y otras circunstancias de la vida— pero estas situaciones son temporales. Al final, Dios resolverá todo a nuestro favor (vea Romanos 8:28).

Podemos buscar a Dios de varias maneras, incluyendo nuestra adoración, ayuno y oración. Debemos orar con un sentido de desesperación y urgencia *hasta* que Dios muestre su misericordia. ¿Qué espera Dios? Él espera que usted y yo clamemos en total dependencia, como un hombre que se ahoga grita: "¡Ayúdenme!". Dios espera que su pueblo llegue a este punto de buscar su rostro *hasta* que su gloria, su presencia, se manifieste.

Oración de activación

Padre de la gloria, derrama tu Espíritu de gracia y súplica sobre nosotros. Deseamos humillarnos por completo, buscar tu rostro y volvernos de nuestros malos caminos, llevando frutos de verdadero arrepentimiento. Oye nuestra oración, perdona nuestro pecado y sana nuestra tierra, nuestra nación y todos los aspectos de nuestra vida. Que llueva tu justicia sobre nosotros, para tu gloria. En el nombre de Jesús, amén.

Pasos para la acción

+ Humíllese: Confiese cualquier pecado consciente al Señor y pídale que lo limpie de toda actitud y pensamiento subyacentes que no lo honran, de los cuales usted puede no estar consciente.

+ Ore: Ore con su entendimiento y en el Espíritu (vea 1 Corintios 14:15) por usted, por su familia, su comunidad, su nación y el mundo, pidiendo que el reino de Dios venga y su voluntad sea hecha en la tierra así como lo es en el cielo.

+ Busque el rostro de Dios: Pase tiempo en su presencia con el único propósito de alabarlo y adorarlo y aumentar su amor por Él. Lea su Palabra con un compromiso renovado de conformarse a la imagen de Cristo.

+ Vuélvase de sus malos caminos: Comience de nuevo a obedecer y servir a Dios de todo corazón, dejando de lado las cosas que pueden alejarlo de amarlo y seguirlo como debe.

EXPERIENCIAS CON LA GLORIA DE DIOS

Liberación de drogas, alcohol y perversión sexual

Una joven llamada Jennifer estaba en rebelión, consumiendo drogas y practicando el lesbianismo, desde el segundo grado. Al cumplir once años, sus padres comenzaron a comprarle marihuana y alcohol. Era adicta al Xanax ya a los trece años y a la cocaína, a los quince. Sus padres se dieron por vencidos en el intento de disciplinarla y simplemente la echaron de la casa; así terminó viviendo en las calles. A los dieciséis usaba heroína, hasta que una mañana despertó en un lugar que no reconocía y se dio cuenta de que había sido violada.

La vida de Jennifer había sido un desastre desde que tenía memoria. No podía pasar un día sin drogas, alcohol o perversión sexual. También sufría de bulimia. Un día, cansada de vivir y al borde de terminar con su vida, visitó el Ministerio El Rey Jesús, y la presencia de Dios la tocó. Se arrojó en el altar y le rindió su vida a Cristo, y entonces comenzó a cambiar. Antes odiaba a sus padres, pero ahora los ama. Fue liberada de amargura, de la vergüenza de la vida lésbica que llevaba y de la depresión. Antes había tratado de terminar con las adicciones dejando las drogas en el altar varias veces, pero cada vez, volvía al mundo y a sus viejos hábitos. Este círculo vicioso siguió hasta que un día volvió a la iglesia con toda su "carga" y dijo: "Nunca más volveré a esa vida". Se convirtió en una nueva persona y no ha vuelto a mirar atrás. Hoy, es líder de una Casa de Paz (el ministerio de reunión en las casas de la iglesia) y es mentora en la iglesia.

Es fácil ver la mano de Dios sobre la vida de Jennifer y saber que Él libera, sana y nos protege del mundo. Su amor y poder transformaron a esta joven interna y externamente, cuando se rindió de todo corazón a Él. Nada ni nadie más —ni la psicología, ni los tratamientos médicos, ni los padres— pueden llevarse el crédito de su nueva vida. Esto fue logrado solamente por la presencia y el poder de Dios.

Estudio 11

Transformados en su gloria

"Por tanto, nosotros todos, mirando a cara descubierta como en un espejo la gloria del Señor, somos transformados de gloria en gloria en la misma imagen, como por el Espíritu del Señor".
—2 Corintios 3:18

Introducción

Nosotros no cambiamos a la imagen de Jesús por ser gente disciplinada que ora mucho, diezma y asiste a la iglesia cada semana. Todas estas cosas son buenas, y debemos continuar practicándolas, pero lo que realmente nos cambia es ver a Dios cara a cara en su gloria manifestada.

Mucha gente se resiste a ser transformada porque se ha conformado al mundo. Está atada a las tradiciones de hombres y tiene miedo de cambiar porque cree que esto puede afectar su posición, estatus, respetabilidad, economía u otros aspectos de su vida. Pero a la misma vez, tiene una insatisfacción porque sabe que Dios tiene algo más para ella, pero no sabe cómo definirlo o describirlo, y mucho menos cómo alcanzarlo.

Debemos buscar ser transformados en la presencia de Dios —en nuestra adoración privada y corporativa, leyendo y meditando en su Palabra— todo lo cual nos va haciendo a su imagen de continuo. No podemos seguir igual. Cuando entramos en la presencia de Dios, somos cambiados y encendidos con pasión espiritual para hacer la obra de expandir su reino a través del mundo.

Preguntas de estudio

Parte I: De gloria en gloria

1. ¿Cómo describe el libro de Proverbios la *"senda de los justos"*? (Proverbios 4:18)

_____

_____

2. (a) Mientras miramos la gloria del Señor *"como en un espejo"*, ¿qué nos sucede? (2 Corintios 3:18b)

_____

(b) ¿Quién hace este cambio en nosotros? (2 Corintios 3:18b)

_____

(c) ¿Qué podemos encontrar donde está el Espíritu del Señor? (2 Corintios 3:17b)

_____

(d) En el versículo que está debajo, ¿qué palabra indica que nuestra transformación a la imagen de Cristo es un proceso continuo? Complete lo siguiente:

1 Corintios 3:18a (LBLA): *"Pero nosotros todos,…como en un espejo la gloria del Señor,*

_____ _____ _____ *en la misma*

imagen de gloria en gloria…".

Lo que cambia a una persona no es el tiempo que pase en la iglesia, como tal, sino el tiempo que pase en la presencia de Dios.

<u>DEFINICIÓN CLAVE</u>: *"Libertad"* en 2 Corintios 3:17 es traducida de la palabra griega *eleuteria*, que significa "libertad sin restricciones, regulaciones, normas, leyes o tradiciones". La libertad que recibimos del Espíritu Santo no es la libertad de hacer lo que nos plazca. Más bien nos empodera para hacer lo correcto en la presencia de Dios.

---

3. ¿Con qué propósito Cristo fue hecho *"pecado"* por nosotros? (2 Corintios 5:21b)

_____

4. (a) ¿Para asir qué *"proseguía"* el apóstol Pablo? (Filipenses 3:12b)

_____

(b) Para hacer esto, ¿qué "olvidaba" a propósito y a qué "se extendía"? (Filipenses 3:13)

_____

_____

(c) ¿Hacia qué "proseguía"? (Filipenses 3:14)

_____

5. (a) ¿De qué debemos "despojarnos" para poder correr la carrera espiritual que tenemos por delante? (Hebreos 12:1b)

_____

(b) ¿En quién debemos enfocarnos para poder alcanzar la línea final? (Hebreos 12:2a)

_____

Parte II: Renovación y transformación

6. (a) ¿Cuál es uno de los medios por los cuales somos transformados a la imagen de Cristo? (Romanos 12:2a)

_____

(b) Este proceso nos capacita para *"probar"* ¿qué? (Romanos 12:2b)

_____

Ninguna transformación es permanente hasta que la mente haya sido renovada.

REFLEXIONES SOBRE LA TRANSFORMACIÓN

La palabra griega que se traduce como *"se transfiguró"* (Mateo 17:2) que alude a la transfiguración de Jesús es la misma que se usa en Romanos 12:2 para *"transformaos"*: *"transformaos por medio de la renovación de vuestro entendimiento"*. Esa palabra es *metamorfóo* y significa "cambiar a otra forma", transformar" o "transfigurar". La idea principal del verbo es morir a una forma de vida para nacer en otra. Cuando Jesús fue transfigurado, reflejó la realidad del mundo venidero y manifestó su gloria. Los discípulos lo habían visto vivir y caminar en la unción, pero ese día, por primera vez, vieron su verdadera gloria —la gloria que Él había dejado atrás cuando viniera al mundo—. Y cuando nosotros renovamos nuestra mente de acuerdo a su naturaleza, reflejamos la realidad de su gloria. La Palabra dice que somos *"transformados de gloria en gloria"* (2 Corintios 3:18). Esta verdad nos capacita para entender que somos transformados de "un lugar a otro", o que avanzamos de una dimensión a otra. Si queremos movernos con la gloria de Dios, no podemos hacerlo con una mentalidad de estacionarnos en un lugar o de "haber llegado". Por el contrario, debemos tener una mentalidad de constante movimiento, para que podamos ir de una dimensión de gloria a otra.

La mente renovada es la herramienta fundamental para traer la realidad del reino, el poder y la gloria a la tierra.

---

7. ¿A qué no debemos conformarnos? (Romanos 12:2a)

   _____

8. ¿Qué les dijo Pedro a los oficiales religiosos que querían que los apóstoles se conformaran a su mentalidad, la cual era contraria a la de Dios? (Hechos 5:29b)

   _____

9. ¿Qué dijo Pablo que no haría si todavía deseara agradar a los hombres? (Gálatas 1:10b)

   _____

<u>DEFINICIÓN CLAVE</u>: La palabra griega para *"conforméis"* en Romanos 12:2 es *susjematizo*. Este término viene de dos palabras raíz: *sun*, que significa "con", y *schema*, que significa "figura", "forma", "apariencia" o "condición externa". Por tanto, "ser conformado" se refiere a la adaptación o acomodación, o tomar la forma, figura o apariencia del patrón del mundo. *Susjematizo* resalta un cambio de apariencia externa —no interna—. A veces, este término es traducido como "disfraz". La idea aquí es que el mundo presiona para darnos forma de acuerdo a sus patrones, tal como ponerse un par de zapatos nuevos que maltrata la forma natural de nuestros pies, dándonos una apariencia externa y transitoria que no nos transforma por

dentro. No quita el pecado, la depresión o la amargura, ni nos da vida abundante. En esencia, lo que el mundo da es sólo un disfraz; no es lo que se supone que seamos o lo que podemos ser en Cristo.

Cuando nos conformamos a alguien o a algo, dejamos de ser transformados.

---

10. (a) Aquellos que han nacido de nuevo se han *"despojado del viejo hombre"* (Colosenses 3:9), del pecado, y se han *"revestido del nuevo"* (versículo 10). ¿De qué manera es renovado el nuevo hombre? (Colosenses 3:10b)

    _____

    (b) ¿Con qué cualidades específicas debemos "vestirnos" en relación con el nuevo hombre? (Colosenses 3:12)

    _____

    (c) ¿Cómo debemos conducirnos con respecto a los demás? (Colosenses 3:13)

    _____

    (d) ¿Qué es lo más importante con que debemos "vestirnos", a lo que Pablo llamó *"el vínculo perfecto"*? (Colosenses 3:14)

    _____

11. (a) ¿Qué le sucede continuamente al *"hombre…interior"* de los creyentes, a pesar de que su cuerpo físico se *"va desgastando"* y perece? (2 Corintios 4:16)

    _____

    (b) ¿Qué *"produce"* una tribulación en nuestra vida, si reaccionamos con fe y esperanza en Dios? (2 Corintios 4:17b)

    _____

12. (a) ¿Qué rasgo de carácter produce la tribulación en nuestra vida, si lo permitimos? (Romanos 5:3b)

_____

(b) ¿Qué otras cualidades se producen? (Romanos 5:4)

_____

(c) ¿Cómo debemos responder a nuestras tribulaciones? (Romanos 5:3a)

_____

(d) ¿Qué debemos evitar hacer, que no le agrada a Dios, al enfrentar pruebas y persecuciones? (Hebreos 10:38b)

_____

13. (a) Si somos perseguidos por causa del nombre de Cristo, ¿qué reposa sobre nosotros? (1 Pedro 4:14a)

_____

(b) Como resultado, ¿qué le ocurre a Cristo de nuestra parte? (1 Pedro 4:14b)

_____

Parte III: Obstáculos para la transformación divina

14. ¿Cuáles son los dos obstáculos principales para la transformación divina, los cuales el profeta Samuel incluyó en su reprimenda al rey Saúl? Complete lo siguiente:

1 Samuel 15:23: _"Porque como pecado de adivinación es la_ _____,

y como ídolos e idolatría la _____".

15. ¿Qué se nos advierte no hacer cuando oímos la voz de Dios? (Hebreos 3:8a, 15b)

_____

**La rebelión dice: "No lo voy a hacer", mientras que la obstinación dice: "Lo haré pero a mi manera".**

16. (a) Después del éxodo de Egipto, ¿qué no *"dispuso"* la *"generación contumaz y rebelde"* de israelitas para hacer lo correcto? (Salmos 78:8b)

    _____

    (b) ¿Qué deficiencia había en el espíritu de esa generación? (Salmos 78:8b)

    _____

17. ¿Qué necesitamos para comenzar a recibir sabiduría y dirección de Dios? Complete lo siguiente:

    Proverbios 1:7a: *"El principio de la sabiduría es* _____ _____ _____

    _____...".*

18. Otro obstáculo para la transformación divina es el mismo pecado por el cual el diablo fue condenado. ¿Cuál es ese pecado? (1 Timoteo 3:6)

    _____

19. (a) Enumere varios resultados negativos de este pecado. (Proverbios 11:2a; 13:10a; 29:23; 16:18a)

    _____

    (b) Enumere algunas de las bendiciones que recibe el humilde. (Salmos 147:6a; 149:4b; Proverbios 11:2b; 29:23b; Mateo 18:4; 23:12; Santiago 4:6b)

    _____

    _____

Una generación que no abraza el cambio no impacta el mundo.

---

20. (a) ¿Cómo responde Dios a los soberbios? (1 Pedro 5:5b)

    _____

(b) ¿Qué les da a los humildes? (1 Pedro 5:5b)

_____

(c) ¿Qué hará Dios por aquellos que se humillan bajo su ponderosa mano?
(1 Pedro 5:6b)

_____

21. Un tercer obstáculo para la transformación divina es negar la necesidad de cambio en nuestra vida.

(a) Si decimos que no hemos pecado, ¿qué nos hacemos a nosotros mismos?
(1 Juan 1:8a)

_____

(b) Como consecuencia, ¿qué ingrediente clave de la vida espiritual no está en nosotros? (1 Juan 1:8b)

_____

(c) Si decimos que no hemos pecado, ¿qué implicamos acerca de Dios? (1 Juan 1:10a)

_____

(d) Como consecuencia, ¿qué ingrediente principal de la vida espiritual no tiene lugar en nuestra vida? (1 Juan 1:10b)

_____

La gloria o presencia de Dios expone la condición espiritual de una persona.

22. (a) En la clase 9, tratamos el estado de tibieza espiritual de los cristianos de la iglesia de Laodicea, que fueron reprendidos por el Cristo resucitado en el libro de Apocalipsis. ¿Qué dijeron los de Laodicea de sí mismos que mostraba que no sentían necesidad de una transformación espiritual? (Apocalipsis 3:17a)

_____

(b) ¿Cuál era su verdadera condición espiritual, de la cual no se daban cuenta? (Apocalipsis 3:17b)

_____

23. ¿Qué consejo deberíamos oír, para evitar la insolencia de los de Laodicea? (Proverbios 3:7)

_____

REFLEXIONES SOBRE LO QUE DESATA LA GLORIA

La gloria de Dios desata algo en el corazón de la gente que no se puede recibir a través de una enseñanza, leyendo un libro, oyendo mensajes en CD ni por imposición de manos —si bien todo esto es bueno y nos puede dirigir hacia la gloria—. Lo que desata la gloria de Dios sólo se puede recibir en su presencia; allí nuestra pasión se ensancha y somos encendidos con una pasión por expandir el reino y ganar almas. La gloria de Dios desata empatía y amor por los demás, y produce un celo por hacer su voluntad. Sobre todo, la sed por buscar el rostro de Dios y conocerlo íntimamente crece en la gente de manera exponencial. Si de verdad queremos ser cambiados y transformados, debemos atrevernos a entrar en su presencia y permanecer en su movimiento, de gloria en gloria, sin detenernos ni estancarnos.

24. El cuarto obstáculo para la transformación divina es tener un espíritu de "religión" y legalismo.

(a) En lugar de vivir en su nueva libertad en Cristo, ¿a qué se estaban sometiendo los colosenses? (Colosenses 2:20b)

_____

(b) ¿En qué se basaban estos preceptos? (Colosenses 2:22a)

_____

(c) ¿Qué reputación tenían estos preceptos? Complete lo siguiente:

Colosenses 2:23a: *"Tales cosas tienen a la verdad cierta reputación de*

_____ _____ _____, _____

_____ _____ _____ _____ _____

_____...".*

(d) ¿Qué valor tenían estos preceptos para vencer la naturaleza carnal?
(Colosenses 2:23b)

_____

Cuando el cristiano cesa de ser cambiado pierde su poder y vuelve a la religión y al formalismo.

---

25. (a) ¿Qué dijo el Señor de los israelitas que habían caído en religión y formalismo?
(Isaías 29:13a)

_____

_____

(b) ¿Cuál era el fundamento incorrecto de su instrucción en el "temor" o reverencia del Señor? (Isaías 29:13b)

_____

La mayor tragedia en la vida es perder la presencia de Dios y ni siquiera saberlo.

---

26. (a) Si no es por la religión, ¿por qué y por medio de qué somos salvos? (Efesios 2:8a)

_____

(b) ¿De qué (dos) cosas *no* es resultado la salvación? (Efesios 2:8b–9a)

_____

(c) ¿Cómo llega la salvación a nosotros? (Efesios 2:8b)

_____

27. ¿Qué ha hecho Cristo con el *"acta de los decretos que había contra nosotros"*, ya que habíamos desobedecido la santa ley de Dios en nuestras propias fuerzas y capacidad? (Colosenses 2:14)

_____

_____

28. La falsa religión —tener sólo una *"apariencia de piedad"*— a menudo muestra su falsa naturaleza por lo que "niega". Complete lo siguiente:

2 Timoteo 3:5: *"…tendrán apariencia de piedad, pero* _____ _____

_____ _____ _____*."*

29. Describa de qué manera confirmaba el Señor la veracidad de la prédica de los apóstoles. (Marcos 16:20b)

_____

_____

**Sin las manifestaciones del poder sobrenatural de Dios,
el cristianismo es igual a cualquier otra religión.**

Parte IV: La transformación final en gloria

30. (a) ¿Qué les sucederá, *"en un momento, en un abrir y cerrar de ojos"*, a los creyentes que hayan muerto y a los que estén vivos cuando Cristo regrese? (1 Corintios 15:52b)

_____

_____

(b) ¿De qué naturaleza será el cambio que ocurrirá en todos los creyentes? (1 Corintios 15:53)

_____

_____

31. ¿Qué transformación ocurrirá en su plenitud cuando Jesús sea revelado y nosotros *"le veremos tal como él es"*? (1 Juan 3:2b)

_____

32. ¿Qué analogía usó Pedro para describir cómo seremos transformados por completo a su imagen en el *"poder y la venida de nuestro Señor Jesucristo"* (2 Pedro 1:16)? Complete lo siguiente:

2 Pedro 1:19b: *"...hasta que* _____ _____ _____ _____

_____ _____ _____ _____

_____ _____ _____ _____*."*

Conclusión

Dado que debemos ser transformados continuamente, de gloria en gloria, hay un problema cuando no estamos en el proceso de ser cambiados; significa que ya no estamos caminando en la gloria de Dios. Ésta es la razón de la falta de transformación que observamos en la vida de muchos creyentes: no son expuestos a la gloria del Padre de manera constante.

Por supuesto que ningún cambio es fácil; por lo general es difícil y doloroso; pero si eso es lo que hace falta para entrar en una dimensión mayor de la gloria de Dios, lo necesitamos. ¿Está dispuesto a ser transformado? Si su respuesta es "Sí", Dios se ocupará de todo porque Él no quiere que usted pierda el tiempo detrás de preceptos religiosos. Él quiere que disfrute de la más alta dimensión de su gloria.

Es más, estar en la gloria no es tan solo una "experiencia" para disfrutar, sino que trae consigo una transformación que nos permite ministrar a otros de manera extraordinaria. Jesús vino a la tierra a mostrarnos cómo llevarles la salvación, la sanidad y la liberación a los demás, tal como Él lo hizo. Seamos transformados a su imagen, *"con más y más gloria"* (2 Corintios 3:18, nvi).

Oración de activación

Padre de la gloria, llénanos una vez más con tu Santo Espíritu, para que podamos ser como el sol que *"va en aumento hasta que el día es perfecto"*. Impártenos el conocimiento de ti, para que podamos ser renovados cada día en ese conocimiento, de acuerdo a la imagen de Cristo en su gloria. En el nombre de Jesús, amén.

Pasos para la acción

+ Pregúntese a sí mismo lo siguiente: Desde que me convertí al cristianismo, ¿he permanecido siendo el mismo o he ido creciendo para ser más como Cristo? ¿He dejado de ser transformado? ¿Por qué? La presencia y el poder de Dios, ¿están activos en mi vida? Si no es así, ¿Cuándo fue que se apagó la vida de lo sobrenatural en mí? ¿Me he vuelto irrelevante en el avance del reino de Dios? ¿Cuándo se tornaron rutinarios los servicios en mi iglesia? ¿Me he conformado al mundo, a mi entorno mundano o a mi enfermedad, pobreza o pecado? Conteste cada una de estas preguntas honestamente. Dios llama a cada creyente a cambiar porque quiere llevarnos a otro nivel en Él. Pídale que lo libere de cualquier cosa negativa a la que usted se haya conformado, para que el Espíritu Santo pueda empezar a transformar su vida, su familia y su ministerio, comenzando en su interior.

+ Tome la decisión de no quedarse en los fracasos del pasado ni conformarse con los éxitos pasados. Busque desarrollar la actitud de Pablo: *"…olvidando ciertamente lo que queda atrás, y extendiéndome a lo que está delante, prosigo a la meta, al premio del supremo llamamiento de Dios en Cristo Jesús"* (Filipenses 3:13–14).

EXPERIENCIAS CON LA GLORIA DE DIOS

Liberaciones del miedo, la depresión y el odio

Un joven con un terrible miedo al fracaso, que nunca había tenido una visión ni dirección para su vida, había crecido sin un padre; y si bien su madre había tratado de llenar el vacío en su corazón, no había podido porque ella también cargaba con un gran dolor. Su divorcio la había llevado a pasar años en depresión, una condición que le había heredado a su hijo. El joven comenta: "Yo sufrí de depresión por más de veintinueve años. No tenía fe en mí mismo y me sentía abandonado y rechazado. Sentía que no tenía futuro ni planes. Mi vida era sedentaria, mi pensamiento limitado y no tenía intereses ni aspiraciones".

Este joven llegó al Ministerio El Rey Jesús un domingo, cuando el Pastor Guillermo Maldonado predicaba acerca del espíritu de miedo y de la osadía que necesitamos para poder tomar acción y ser valientes. Este mensaje lo impactó. Cuando el pastor terminó de predicar, ministró liberación del espíritu de miedo e impartió la osadía del Espíritu Santo. El joven testifica que, desde ese día, su vida ha sido completamente transformada. Él solía pensar que tendría que lidiar con la depresión por el resto de su vida, pero ahora se atreve a hacer cosas que nunca había imaginado ser capaz de hacer. El perfecto amor de Dios echó fuera el temor de su corazón.

En otro testimonio, un joven había crecido con decepción, resentimiento y mucha ira contra su padre debido al abuso psicológico, físico y verbal de éste contra su madre. Ese odio se hizo tan fuerte que decidió matarlo. Tomó un cuchillo, lo afiló y esperó el momento en que su padre lo provocara. Pero alguien más mató a su padre antes de que él tuviera la oportunidad de hacerlo. Perder a su progenitor de esa manera aumentó en él la decepción, la culpa y el dolor, y aumentó su ira porque no había podido ser él quien lo matara. Su corazón estaba corrompido por el odio y la venganza.

Además, todo lo que le había pasado en su juventud lo había llevado a envolverse en pandillas. Como miembro de una, había usado drogas y su vida había ido de mal en peor. Entonces, este hombre destruido visitó el Ministerio El Rey Jesús, pasó al altar, recibió a Jesús, tuvo un encuentro con la presencia de Dios y fue transformado. Asistió a un retiro de sanidad interior y liberación que hace el ministerio para los nuevos creyentes. Durante el mismo, la presencia de Dios lo tocó tanto que lloraba como un niño. Un líder le ministró liberación y fue libre de la culpa, el resentimiento y el dolor. Perdonó a su padre y ahora es ¡completamente libre! La raíz de amargura fue arrancada de su corazón y ahora puede disfrutar la vida.

Estudio 12

CREAR UNA ATMÓSFERA PARA TRAER SU PRESENCIA, PARTE 1

"El que sacrifica alabanza…honrará [a Dios]*".*
—Salmos 50:23

Introducción

Cuando la gente no adora a Dios en espíritu y verdad, de manera continua, no puede crear un ambiente para traer su presencia. Debemos aprender a invitar una atmósfera espiritual de adoración para que la gloria se manifieste y haya milagros, señales y maravillas. Si hacemos esto, seremos lo que la Biblia llama *"verdaderos adoradores"* (Juan 4:23); algo que no se logra sólo con cantar bien. Los verdaderos adoradores son aquellos que han tenido una revelación de la adoración genuina.

A través de la alabanza y la adoración, damos la bienvenida a nuestro Señor y Rey a nuestro medio. Si queremos producir una adoración verdadera y de corazón, por lo general tenemos que ascender primero en una alabanza vibrante, ruidosa y poderosa. Luego, es importante discernir cuándo el espíritu de alabanza se retira, para dar paso al espíritu de adoración. Nuestra alabanza y adoración deben ser llevadas delante de acuerdo con Aquel a quien deseamos complacer, Dios mismo. Ésa es la única manera de seguir la guía del Espíritu y evitar perdernos en nuestros esfuerzos humanos.

En esta clase, exploraremos aspectos de la alabanza para que podamos comenzar a entender cómo se crea una atmósfera que traiga la presencia de Dios. Luego, en el siguiente estudio, investigaremos el tema de la adoración.

Preguntas de estudio

Parte I: El Señor merece nuestra alabanza y adoración

1. ¿Qué es digno de recibir Dios y por qué? (Apocalipsis 4:11)

    _____

    _____

2. El Salmo 24, que describe cómo se levantan las *"puertas"* y las *"puertas eternas"* para dar paso al *"Rey de gloria"* (ver los versículos 7 y 9), puede considerarse como una metáfora de cómo debemos darle la bienvenida, a Dios, a nuestro medio, a través de la alabanza. ¿Cómo se describe al Rey de gloria? (Salmos 24:8b)

    _____

3. (a) ¿Dónde dijo David que "habita" el santo Dios? (Salmos 22:3b)

    _____

    (b) Cuando una persona ofrece alabanza a Dios, ¿qué está haciendo? (Salmos 50:23a)

    _____

Una atmósfera espiritual dura puede ser el resultado de una alabanza y adoración pobres.

---

4. (a) Según el ejemplo de David, ¿cómo debemos alabar al Señor? (Salmos 138:1a)

    _____

    (b) ¿En qué tiempo es apropiado alabar a Dios? (Salmos 113:3a; 34:1)

    _____

<u>DEFINICIÓN CLAVE:</u> La alabanza es una expresión extravagante, clamorosa, entusiasta, que a menudo incluye muchas palabras y una demostración física. La adoración envuelve menos palabras; a veces, no se necesita ninguna y es total silencio, porque tiene más que ver con derramar nuestros corazón interiormente delante de Dios y pedirle que manifieste su soberana presencia.

Parte II: Las expresiones de la alabanza

5. La alabanza al Señor puede expresarse de varias maneras. Enumere dos de ellas. (Salmos 66:1a, 2a)

   _____

6. (a) El apóstol Pablo, ¿con qué tipo de cánticos animaba a "hablar" entre ellos a los creyentes del Nuevo Testamento? (Efesios 5:19a)

   _____

   (b) ¿Cómo podemos alabar al Señor de manera silenciosa, para nosotros mismos? (Efesios 5:19b)

   _____

7. Nombre dos formas más de alabanza. (Salmos 47:1a; 134:2a)

   _____

La adoración será tan profunda como alta, extravagante y poderosa haya sido la alabanza.

---

8. ¿De qué otra manera podemos alabar el nombre del Señor? (Salmos 149:3a)

   _____

9. Enumere los diferentes instrumentos musicales usados en los tiempos bíblicos para alabar al Señor. (Salmos 150:3–4; 1 Crónicas 15:16b)

   _____

Parte III: Alabar al Señor con proclamas

10. (a) Cuando cantamos al Señor, ¿cuál debe ser el contenido de nuestras alabanzas? (Salmos 105:2b)

    _____

(b) Además de lo anterior, ¿de qué nos debemos acordar cuando alabamos a Dios? Complete lo siguiente:

Salmos 105:5b: *"Sus prodigios y* _____ _____ _____ _____

_____ _____ *"*.

(c) Cuando buscamos al Señor, ¿qué debe hacer nuestro corazón? (Salmos 105:3b)

_____

La alabanza es la declaración de las grandes y poderosas obras de Dios.

---

11. (a) ¿Cuáles de las *"grandes maravillas"* (versículo 4) que hizo Dios por los israelitas están enumeradas a lo largo del Salmo 136 —un salmo de gratitud y alabanza—? (Salmos 136:5–25)

_____

_____

_____

_____

_____

_____

(b) ¿A qué atribuyó el salmista toda esta ayuda de Dios? (El versículo 1b y otros a lo largo del salmo)

_____

12. (a) ¿En qué dijo David que meditaba? (Salmos 145:5)

_____

(b) ¿De qué hablan los santos de Dios cuando lo bendicen? (Salmos 145:11)

_____

(c) ¿Cuál es la naturaleza del reino de Dios? (Salmos 145:13a)

_____

Parte IV: Alabar a Dios a través del sacrificio

13. (a) ¿Qué dijo el escritor de Hebreos que ofrecemos de continuo a través de Jesucristo? Complete lo siguiente:

Hebreos 13:15a: *"Así que, ofrezcamos siempre a Dios, por medio de él,*

_____ _____ _____..."*.*

(b) ¿Cómo se ofrece esta alabanza? Complete lo siguiente:

Hebreos 13:15b: *"…es decir,* _____ _____ _____ _____

_____ *su nombre".*

Si queremos vivir a la vanguardia de lo que Dios está haciendo y diciendo, el sacrificio de alabanza debe ser una parte intrínseca de nuestro estilo de vida.

REFLEXIONES ACERCA DEL SACRIFICIO DE ALABANZA

La palabra griega para *"sacrificio"* en Hebreos 13:15 es *tisia*, que se refiere a una víctima, una muerte. Cada sacrificio implica muerte. En el caso de un sacrificio de alabanza, la víctima para el sacrificio es la carne o el ego. Alabar a Dios siempre requiere un sacrificio porque es algo que va más allá de nuestra fuerza, conveniencia, deseo y comodidad. Para alabar a Dios debemos matar algo impío dentro nuestro, como la apatía, el orgullo, el egoísmo, la preocupación, el miedo, los malos pensamientos o cualquier otra cosa que nos impida expresar su grandeza de todo corazón. Nuestro sacrificio activa el movimiento del Espíritu Santo para que venga a ayudarnos. Entonces, cuando el espíritu de alabanza viene, la alabanza deja de ser un sacrificio, como lo era al principio. Ahora nadie tiene que forzarnos a alabar a Dios; nuestra alabanza se hace espontánea.

14. ¿Qué nos da el Espíritu del Señor a cambio de nuestro espíritu angustiado?
    (Isaías 61:3a)

    _____

15. Resuma, en sus propias palabras, la difícil situación de Pablo y Silas, durante la cual
    ofrecieron sacrificios de alabanza. (Hechos 16:22b–24, NVI)

    _____

    _____

16. ¿Qué sucedió después de que oraron y cantaron himnos a Dios? (Hechos 16:26, NVI)

    _____

    _____

17. ¿Cuál fue el resultado espiritual para el carcelero y su familia, a quienes Pablo y Silas
    proclamaron el evangelio? (Hechos 16:34b, 33b, NVI)

    _____

Nuestra prioridad debe ser buscar la gloria de Dios; entonces, las señales nos seguirán.

18. ¿Cómo instruyó Jesús a sus discípulos que respondieran cuando fueran vituperados,
    perseguidos o falsamente acusados de males, a causa de su nombre? (Mateo 5:12a)

    _____

19. En toda circunstancia de nuestra vida, ¿qué gloria debemos darle al Señor?
    (1 Crónicas 16:29a)

    _____

Conclusión

Cuando no existe una atmósfera espiritual para que la presencia de Dios se manifieste, hay un gran obstáculo para ver la demostración de su poder sobrenatural. Cuando trato de ministrar en dicha atmósfera, me resulta difícil predicar la Palabra porque el corazón de la gente no está sensible para recibirla. Si la atmósfera espiritual es dura, la gloria no desciende, y como consecuencia las sanidades y los milagros que suceden son pocos.

Ésta es la razón por la cual debemos entrar en la presencia de Dios a través de ambas, la alabanza y la adoración, porque funcionan de la mano. Ya sea que estemos adorando a solas o con otra gente, siempre debemos acercarnos de la siguiente manera: alabar hasta que el espíritu de adoración venga, y adorar hasta que la gloria de Dios descienda. Ésta es la clave para una transformación personal y corporativa.

Oración de activación

Padre de la gloria, te ofrecemos sacrificio de alabanza y la gloria debida a tu nombre. Recordamos las maravillosas obras de tu mano: tus maravillas y los juicios de tu boca. ¡Tú eres grande y digno de ser alabado! Te alabamos en toda circunstancia de nuestra vida, y exaltamos tu santo nombre. Derrama tu Espíritu en señales y maravillas para que otros puedan creer en tu Hijo, Jesucristo, y recibir tu salvación, sanidad y liberación. En el nombre de Jesús, amén.

Pasos para la acción

+ Lea los siguientes versículos bíblicos en voz alta, en su alabanza diaria a Dios, para que éstos lo instruyan en la manera de alabarlo: Apocalipsis 4:11; Salmos 24:7–10; 105:1–5; 138:1–2. Al terminar de leer estas Escrituras, comience a agradecer de corazón todo lo que Dios ha hecho por usted personalmente, reconociendo sus gloriosos atributos y caminos.

+ Cante alabanzas al Señor cuando esté atravesando circunstancias difíciles en su vida. Recuerde el ejemplo de Pablo y Silas en la prisión y cante canciones del amor, el poder y la gracia de Dios, mientras le entrega la situación a Él para que obre en ella y a través de la misma.

EXPERIENCIAS CON LA GLORIA DE DIOS

Sanidad de una sordomuda

Aneth, una mujer de cuarenta y ocho años, nacida en Cuba, era sordomuda de nacimiento. Durante una cruzada de sanidad y milagros realizada por el Ministerio El Rey Jesús, ella pasó al frente, reclamando su milagro. El Pastor Guillermo Maldonado le pidió a la congregación que se uniera en oración por ella y la declaró sana. Cuando impuso las manos sobre ella, la mujer testifica que sintió un "pop" en sus oídos y, para la gloria de Dios, comenzó a oír y hablar por primera vez en su vida. El Pastor Maldonado probó sus oídos parándose detrás de ella, de modo que no pudiera verlo, y comenzó a palmear y hacer que ella repitiera los mismos golpes que oía. Si aplaudía una vez, ella aplaudía una vez. Si él aplaudía dos veces, ella aplaudía dos veces, y así sucesivamente. ¡Era evidente que había sucedido un milagro! Ella estaba tan emocionada que lloraba y lloraba, porque su sueño de oír y hablar se había convertido en realidad.

La saturación de la presencia de Dios en una atmósfera creada por la alabanza y la adoración, produjo el milagro que transformó la vida de Aneth y de todos sus familiares. Usted puede experimentar lo mismo si cambia su manera de alabar y genera una atmósfera de adoración al verdadero Dios; una atmósfera donde ¡todo es posible!

Estudio 13

CREAR UNA ATMÓSFERA PARA TRAER SU PRESENCIA, PARTE 2

"¡Cuán terrible es este lugar! No es otra cosa que casa de Dios, y puerta del cielo".
—Génesis 28:17

Introducción

La adoración es más que una declaración; es una actitud sincera de humildad, reverencia, respeto y temor del Señor. En nuestra adoración, Jesús es coronado. Él debe ocupar el trono de nuestra vida —el Santísimo en nuestro interior—. Sabemos que la fe es un músculo que crece cuando lo ejercitamos. La adoración funciona de manera similar; siempre se puede ir más profundo en ella. De la adoración profunda viene la guía para el futuro de una persona, una familia, una ciudad o una nación.

La adoración se puede expresar con una postura física como inclinar la cabeza o el cuerpo, arrodillarse o caer postrado delante del Señor. Si adoramos con humildad y sinceridad, nuestra adoración se convierte en algo que va más allá de cantarle o hablarle a Dios. Es una atmósfera que puede transmitirse a otros por medio del contacto físico; como sucede en un abrazo, por el cual transmitimos todo lo que fluye de nuestra relación de adoración con el Padre.

La gente que adora en espíritu y verdad entra a la atmósfera de la eternidad, donde el centro de atención ya no es uno, sino Dios. En su presencia, no estamos conscientes de cómo nos sentimos o qué estamos experimentando. Sabemos que Dios demanda la adoración, y esta convicción supera toda situación temporal. La adoración no es un sentimiento sino una actitud expresada por aquel que sabe que, sin Dios, no es nada.

Preguntas de estudio

Parte I: Honrar al Señor a través de la adoración

1. Para honrar al Señor apropiadamente, ¿cómo debemos adorarlo? (1 Crónicas 16:29b)

   _____

2. ¿Quién puede acercarse a la presencia del Señor? (Salmos 24:4a)

   _____

No podemos fingir la adoración ni la comunión con Dios.

---

3. Recuerde el tipo de adoradores que busca el Señor. (Juan 4:23b)

   _____

DEFINICIONES CLAVE: La alabanza se enfoca en proclamar las obras de Dios; la adoración se enfoca en la persona de Dios. La alabanza es iniciada por nosotros; la adoración es la respuesta de Dios a nuestra alabanza. Alabar es buscar a Dios; la adoración es ser hallado por Él. La alabanza aumenta la unción; la adoración trae la gloria. La alabanza es como edificar una casa para Dios; la adoración es Dios mudándose a esa casa. En la alabanza nosotros hablamos *de* Dios; en la adoración le hablamos *a* Dios y Él nos responde. En la alabanza estamos conscientes del amor y la grandeza de Dios; en la adoración estamos conscientes de su santidad. La alabanza es la procesión del Rey; la adoración es su coronación.

---

4. (a) ¿A quién *no* debemos darle la gloria que le pertenece a Dios? (Salmos 115:1a)

   _____

   (b) ¿Cuáles son las dos razones que mencionó el salmista por las que debemos dar gloria al nombre del Señor? (Salmos 115:1b)

   _____

5. ¿Qué escribió el apóstol Pablo en su primera carta a Timoteo como declaración de adoración a Dios, el Rey? (1 Timoteo 1:17)

_____

_____

Cuando una persona deja de adorar a Dios, también cesa de conocerlo.

REFLEXIONES ACERCA DE DÓNDE COMIENZA NUESTRA VIDA DE ADORACIÓN

Cada cristiano es responsable de "llevar" su adoración a la iglesia. En otras palabras, nuestra adoración comienza en el hogar, en nuestro lugar secreto con Jesús —nuestro armario, oficina o automóvil— y nos sigue dondequiera que vayamos, en todo momento.

Una de las razones por las que no hemos visto descender la gloria de Dios sobre nuestra vida es que no tenemos una vida privada con Él, eficaz y continua, que es lo que manifiesta su presencia en público. Adorar a Dios en privado es una actitud que fluye espontáneamente y del corazón, cuando nadie nos ve, cuando ya no está la responsabilidad de ministrar a la gente; cuando lo hacemos simplemente por amor, sin buscar recompensas. Esos momentos privados especiales, hacen que Dios manifieste su presencia poderosamente y que hable y ministre directo a nuestro corazón. Nuestro mayor deseo debe ser siempre experimentar momentos nuevos y más profundos en su gloria, porque sólo su presencia transforma el corazón humano. Nuestros esfuerzos no pueden lograr esto.

Parte II: Revelaciones de la verdadera adoración

6. ¿Qué lenguaje usa la Escritura para indicar que la verdadera adoración es una comunión íntima con Dios el Padre y con Jesucristo? Complete lo siguiente:

(a) Isaías 54:5a: _"Porque _____ _____ _____ _____

_____; Jehová de los ejércitos es su nombre"._

(b) Apocalipsis 21:9b: *"Ven acá, yo te mostraré* _____ _____,

_____ _____ _____ _____ ".

(c) ¿Qué describe que tiene la novia del Cordero? (Apocalipsis 21:11a)

_____

7. (a) ¿Qué aspecto fundamental de Dios debemos exaltar durante nuestra adoración? (Salmos 34:3a)

_____

(b) ¿Sobre qué es exaltado este aspecto de Dios? (Nehemías 9:5b)

_____

(c) ¿A quién le dio Dios el nombre que es sobre todo nombre? (Filipenses 2:9–10a)

_____

(d) ¿Cuál es la respuesta apropiada, de todos aquellos en el cielo y en la tierra, ante el nombre de Jesús? (Filipenses 2:10b–11a)

_____

_____

(e) ¿Qué le da al Padre este total reconocimiento a Jesús? (Filipenses 2:11b)

_____

8. Hay una frase recurrente en el Salmo 119 que sirve para recordar no sólo la base sobre la cual debemos ofrecer nuestra intercesión a Dios, sino también nuestra alabanza y adoración. Complete lo siguiente como representación de estas frases:

Salmos 119:25b: *"Vivifícame* _____ _____ _____ ".

Si a nuestra adoración le falta la Palabra, Dios no la honrará desatando su poder a través de ella.

---

9. Según lo que indica el verso a continuación, ¿cómo experimentan los creyentes la gloria de Dios en adoración —como lo harán cuando regrese Cristo—? Complete lo siguiente:

    Isaías 40:5a: "Y se _____ *la gloria de Jehová…*".

10. (a) Salomón expresó su adoración de corazón a Dios al principio de su oración para la dedicación del nuevo templo. ¿Qué dijo cuando se arrodilló y levantó sus manos al cielo? (2 Crónicas 6:14)

    _____

    _____

    _____

    (b) Describa cómo respondió el Señor al final de la oración de Salomón, dándole a conocer su presencia a él y al resto de los israelitas. (2 Crónicas 7:1)

    _____

    _____

11. Por mandato del Señor, los israelitas que estaban por entrar a la Tierra Prometida adoraron siete días seguidos antes de derrotar a la ciudad de Jericó, por la mano de Dios.

    (a) ¿Cuáles fueron las instrucciones que les dio Josué a los sacerdotes para esta adoración? (Josué 6:6)

    _____

    (b) Describa las acciones de los siete sacerdotes que llevaban las trompetas cuando empezaron a adorar. (Josué 6:8a)

    _____

(c) ¿Dónde marchaban los hombres armados y dónde marchaban los demás —los llamados *"la retaguardia"*—? (Josué 6:9a)

_____

_____

(d) Además del sonido de las trompetas, ¿qué otro sonido se incorporó a la adoración de los israelitas? (Josué 6:20a)

_____

(e) Cuando el pueblo de Dios obedeció sus direcciones para la adoración, ¿qué sucedió con el muro de Jericó y que hizo el pueblo de Dios? (Josué 6:20b)

_____

_____

Cada vez que un nuevo sonido de adoración se desata en una iglesia, la atmósfera cambia y las estructuras viejas se rompen.

12. Cuando los discípulos se reunieron *"unánimes"* el día de Pentecostés, varias semanas después de que Jesús ascendiera al cielo, oraban y esperaban la venida del Espíritu Santo (ver Hechos 1:13–14).

(a) Describa el sonido que se escuchó de repente cuando vino la manifestación del Espíritu de Dios. (Hechos 2:2a)

_____

(b) ¿Qué otros "sonidos" del Espíritu se manifestaron en esta visitación? (Hechos 2:4b)

_____

REFLEXIONES ACERCA DE LOS "SONIDOS" DE LA ADORACIÓN

Yo he podido experimentar la venida de los "sonidos nuevos" de Dios, a través de sus adoradores en el cuerpo de Cristo. Él está levantando adoradores proféticos con la capacidad de interpretar y bajar los sonidos divinos de su trono, los cuales tienen que ver con el cumplimiento de sus planes. El sonido que desata la visión de Dios puede ser la voz de un profeta que proclama la revelación de su determinación divina para el futuro. Cuando para la gente es difícil entender o creer una revelación de Dios a través de palabras o explicaciones, la música y la adoración profética pueden convertirse en el medio por el cual esta gente pueda entender o recibir lo que Dios está diciendo y haciendo.

A la luz de esta realidad, vemos por qué los ataques de Satanás en la iglesia son dirigidos, mayormente, al ministerio de la alabanza y la adoración. Satanás está interesado en nuestra adoración porque sabe que el poder espiritual de Dios se manifiesta en la tierra a través de ella. Él sabe que si puede parar nuestra adoración a Dios, puede parar también la revelación celestial y los sonidos para que no sean desatados en la tierra, y por lo tanto puede obstaculizar el movimiento de Dios en esta generación. Debemos estar conscientes de sus estrategias, cubriendo y rodeando el ministerio de adoración con oración e intercesión.

---

13. (a) Según lo que hemos aprendido en los estudios anteriores, ¿cuál debería ser el resultado de nuestra experiencia en la gloria de Dios? (2 Corintios 3:18b)

   _____

   (b) ¿Qué les sucederá a aquellos que se hagan ídolos y/o confíen en ellos, dado que es algo contrario a la transformación divina? (Salmos 115:8)

   _____

El nivel de adoración más alto es convertirse en adoración.

Parte III: Tres principios para crear una atmósfera espiritual

14. El primer principio en la creación de una atmósfera espiritual que traerá la presencia de Dios es "edificar un trono espiritual" para Él. Recordemos dónde "habita" Dios —lo cual también aplica a su iglesia—. (Salmos 22:3b, NTV)

   _____

15. El segundo principio para crear una atmósfera espiritual es que nuestra adoración debe ser de tal calidad y duración que se forme una "nube" de su presencia.

(a) Siguiendo el ejemplo del salmista, ¿qué debería anhelar nuestra alma al edificar un trono espiritual y una atmósfera en los cuales Dios se manifieste? (Salmos 84:2a)

_____

(b) ¿A quién deberían cantar nuestra alma y corazón? (Salmos 84:2b)

_____

16. En estudios previos, hemos visto que el Señor habla a menudo desde una nube de su gloria. Vamos a mirar otro ejemplo de esto.

(a) Cuando los israelitas fueron convocados a la presencia de Dios en el desierto, ¿qué apareció en la nube? (Éxodo 16:10b)

_____

(b) ¿Qué sucedió después? (Éxodo 16:11a)

_____

REFLEXIONES ACERCA DE "EDIFICAR EL TRONO DE DIOS"

En el ámbito espiritual "edificamos el trono de Dios" cuando lo adoramos. Su presencia siempre se manifiesta cuando el trono es edificado. Por lo tanto, sabemos que el trono está completo cuando experimentamos el derramamiento de su gloria. No podemos dejar de adorar antes de que esto suceda. Recordemos siempre este principio: Alabar hasta que el espíritu de adoración venga, y adorar hasta que la gloria descienda. No hay una fórmula de cuánto debemos alabar y adorar a Dios; siempre debe ser *hasta que* su trono espiritual sea edificado. El Espíritu Santo es nuestro ayudador. Él nos enseña a adorar a Dios en espíritu y verdad, y se pone a nuestro lado para recibir nuestra adoración y llevarla al Padre. Yo creo firmemente que nuestro propósito en la adoración es invitar la presencia de Dios a que descienda. Sólo en su presencia somos transformados de manera que podamos llevar el mismo poder de transformación a otros.

Los ingredientes en la atmósfera de la gloria son oración, ofrendas, intercesión, alabanza, adoración, obediencia y honra continuas.

---

17. El tercer principio para crear una atmósfera que traiga la presencia de Dios es que debemos percibir y desatar la atmósfera espiritual. ¿Qué dijo Jacob cuando despertó y recordó su sueño de la escalera entre el cielo y la tierra, sobre la cual ascendían y descendían los ángeles de Dios? (Génesis 28:16)

   _____

18. ¿Quién es el único que nos capacita para percibir una atmósfera espiritual donde Dios está presente? Complete lo siguiente:

   1 Corintios 2:12: *"Y nosotros no hemos recibido el espíritu del mundo, sino* _____

   _____ _____ _____ _____ _____ *, para que*

   sepamos lo que Dios nos ha concedido".

19. ¿Con qué necesitamos "acompañar" la atmósfera espiritual de adoración para poder desatar y recibir las bendiciones de Dios? Éste es el ingrediente con que los israelitas en el desierto no acompañaron la palabra que oyeron de Dios. (Hebreos 4:2b)

   _____

Una atmósfera espiritual es creada a través de la adoración, pero la nube debe discernirse para desatar su contenido.

Parte IV: Responder a la gloria de Dios

20. (a) Inmediatamente después del sueño con la escalera que subía al cielo y de que Dios le hablara, ¿qué dijo Jacob acerca del lugar donde se encontraba? (Génesis 28:17)

   _____

   _____

(b) A la mañana siguiente, después del sueño, ¿cómo respondió Jacob al hecho de que el Señor estaba *"en este lugar"* (versículo 16) con él? (Génesis 28:18)

_____

_____

21. La primera vez que Moisés estuvo en la presencia de Dios, ¿qué dirección le dio el Señor al advertirle que no se acercara a la zarza ardiente, y qué razón le dio? (Éxodo 3:5b)

_____

_____

22. Describa la visión que tuvo el profeta Isaías del Señor en su gloria (ver Isaías 6:1–4).

(a) ¿Qué dijo Isaías cuando se vio frente al trono de Dios? (Isaías 6:5)

_____

_____

(b) Una vez que Isaías tuvo seguridad de que su pecado había sido perdonado, lo cual le permitía estar en la presencia de Dios, ¿qué fue lo primero que dijo cuando Dios le preguntó: *"¿Quién irá por nosotros?"*? (Isaías 6:8b)

_____

23. ¿Qué le pidió Jeremías al Señor como su *"alabanza"*? (Jeremías 17:14a)

_____

24. (a) Cuando Jesús estaba enseñando en una casa, ¿qué estaba presente en la atmósfera espiritual allí para sanar a la gente —incluyendo varios diferentes fariseos y maestros de la ley— que se había reunido para oírlo? (Lucas 5:17b)

_____

(b) El texto, ¿indica si alguno de los fariseos, maestros de la ley, u otros presentes fueron sanados? (Lucas 5:17)

_____

(c) Un paralítico en una cama fue bajado por el techo dentro de la casa por unos hombres que lo traían cargado. ¿Qué razón da la Escritura para que el paralítico fuera perdonado y sanado aquel día? (Lucas 5:20a)

_____

(d) ¿Cómo respondieron los espectadores a esta sanidad? (Lucas 5:26)

_____

Conclusión

Necesitamos tener experiencias de continuo con la presencia de Dios para ser transformados a la imagen de Cristo y manifestar su poder. Para tener estas experiencias, debemos discernir que Él de verdad está presente en medio nuestro, en su gloria. ¿Es posible que estemos en el mismo lugar donde la gloria de Dios está presente y no nos demos cuenta? Sí, es posible. Recuerde que le sucedió a Jacob. Hay muchas razones por las cuales esto puede suceder, pero las más comunes son nuestros pecados, como la amargura, el resentimiento y la falta de perdón. Otra razón es que podemos llegar a estar tan absortos en nuestros problemas que nuestra percepción espiritual esté embotada o incluso totalmente apagada. Debemos permanecer sensibles al movimiento del Espíritu de Dios. Así, la próxima vez que reconozcamos su presencia, podamos responder en fe y adoración.

En la presencia de Dios hay salvación, sanidad, liberación, transformación, visiones, sueños, profecía, revelación, impartición y activación. Permítame definir los últimos dos términos. En la gloria, Dios comparte (o transmite) porciones de su virtud, unción, poder, favor, gracia, dones y mucho más, con nosotros. Cualquier cosa que recibamos de Él es una *impartición*. Una impartición es algo que no teníamos antes; nos ha sido agregado (ver Romanos 1:11). Por ejemplo, después haber estado en la gloria, puede ser que la gente se sane cuando usted ora por ella, cuando antes no sucedía así. La *activación* ocurre cuando Dios "despierta" o "aviva" los dones que ya nos había dado pero que estaban enterrados en nuestro interior, por miedo, falta de conocimiento, apatía u otro obstáculo (ver 2 Timoteo 1:6). Dios puede activar un don dormido dentro de cualquiera que entra a su presencia.

En la gloria podemos oír la voz de Dios y ser encendidos para ir y dar a otros lo que hemos recibido. El propósito de Dios, al manifestar su gloria, es capacitarnos para que llevemos lo mismo al mundo perdido, a la gente sin Dios, sin fe y sin esperanza. Debemos llevar nuestras experiencias en su presencia a nuestros lugares de trabajo, escuelas y organizaciones comunitarias; debemos llevarlas dondequiera que vayamos: restaurantes, comercios, supermercados y calles. Debemos compartirlas con todo nuestro círculo de influencia. La gloria de Dios nos dará la osadía que necesitamos para predicar su Palabra, hablar de Jesús, sanar al enfermo, liberar al cautivo y hacer milagros. Tomemos la decisión, ahora mismo, de llevar su gloria a todos a nuestro alrededor, ¡incluyendo todas las naciones de la tierra!

Oración de activación

Padre de la gloria, tú eres el Rey eterno, inmortal e invisible. Sólo tú eres sabio. Sea el honor y la gloria a ti por siempre. Queremos alabarte hasta que el espíritu de adoración venga y adorarte hasta que tu gloria descienda. Abre nuestros ojos para reconocer tu presencia y tu gloria para que respondamos a ti en espíritu y verdad. Imparte sobre nosotros tu salvación, sanidad, liberación, revelación, transformación y activación para servirte. En el nombre de Jesús, amén.

Pasos para la acción

+ Salmos 24:4 dice que *"el limpio de manos y puro de corazón"* podrá entrar a la presencia de Dios. Antes de alabar y adorar a Dios, confiésele sus pecados y reciba su perdón y limpieza.

+ Pase buena parte de su tiempo con Dios, en adoración. Comience expresando gratitud por su fidelidad y por lo que Él ha hecho en su vida. Adórelo como su Señor y Rey, mencionando sus atributos. Háblele como su Padre celestial, declarando su amor por Él y comunicándole su disposición a obedecer lo que sea que quiera que haga. Pídale que lo capacite para discernir la atmósfera espiritual de su presencia cuando se acerca a usted para sanarlo, liberarlo y revelarse a su vida. Luego, espere en Él, escuchando para oír lo que Él quiere hablarle en ese momento.

EXPERIENCIAS CON LA GLORIA DE DIOS

Un niño sanado de espina bífida

Durante un servicio de sanidad y milagros en Argentina, donde el Pastor Guillermo Maldonado ministraba, se oyeron testimonios gloriosos de las alrededor de 22.000

personas allí reunidas. Una pareja pasó adelante con su hijo de tres años, Jeremías, que había nacido con espina bífida. Esta condición había afectado sus músculos, y sus piernas estaban torcidas. No podía colocar sus pies en el suelo ni pararse por sí solo; ni siquiera sostenido de las manos. No sólo eso, sino que su condición le había causado hidrocefalia (aumento de fluidos alrededor del cerebro), y necesitaba pañales porque no tenía control de su vejiga. Para llevarlo al servicio de sanidad, sus padres habían tenido que viajar 2.000 kilómetros (más de 1.200 millas), creyendo que el Señor haría un milagro.

Durante la adoración, el niño comenzó a ser sanado. Cuando sus padres se dieron cuenta de lo que sucedía, corrieron desde el fondo del estadio, donde estaban sentados, hacia la plataforma. Con la ayuda de doctores y pastores, comenzaron a probar a Jeremías. Los padres le quitaron el equipo que los médicos le habían colocado en las piernas para enderezárselas y él comenzó a dar sus primeros pasos, tal como cualquier otro niño que empieza a aprender a caminar. Cuando vieron que podía apoyar la planta de los pies en el suelo, supieron que sus piernas se habían estirado. Un médico explicó que éste era un milagro creativo, porque el hecho de que Jeremías pudiera pararse por sí solo y enderezarse para caminar era un signo de que sus nervios habían recobrado la vida y el movimiento. Dios corrigió los defectos en su espina dorsal y en sus nervios, restaurando el funcionamiento normal de sus extremidades inferiores y su vejiga. Los padres de Jeremías estaban profundamente movilizados al ver a su hijo sano frente a sus propios ojos. Lloraban y agradecían a Dios por haber oído su clamor, y no haberlos decepcionado. ¡Todo sucedió en su presencia manifestada! Cuando estamos llenos de la presencia de Dios, los milagros creativos se manifiestan por doquier; no hay nada que su gloria no pueda hacer.

Estudio 14

ENCENDIDOS CON EL FUEGO DE DIOS

"Él os bautizará en Espíritu Santo y fuego".
—Mateo 3:11

Introducción

La gloria de Dios tiene muchas facetas y sólo Él, en su absoluta soberanía, puede decidir qué aspecto va a manifestar y cuándo. Un aspecto de su gloria es el *"fuego consumidor"* (ver, por ejemplo, Deuteronomio 4:24; Isaías 30:30; Hebreos 12:29), que puede descender para traer juicio a la tierra. Pero debido a que la gloria de Dios quema todo lo que no es santo, su fuego también purifica y santifica a su pueblo que se ha vuelto de sus malos caminos y que anhela vivir en justicia y rectitud, lleno con su Santo Espíritu.

En el mundo de hoy, las tinieblas espirituales se están haciendo más densas y la oposición al espíritu de Cristo, más fuerte; los desafíos se intensifican y los creyentes tienen que estar listos para enfrentar estas circunstancias. Debemos caminar en el fuego de la presencia de Dios para saber cómo aliviar el sufrimiento humano y llevar a la gente a Cristo en estos trascendentales tiempos finales.

El fuego de Dios no es para aquellos que no desean vivir en santidad y pureza. El pueblo de Israel tuvo miedo del fuego, y la raíz de ese miedo era su falta de disponibilidad a pagar el precio que éste demandaba. Esta actitud se puede ver hoy en los creyentes de la iglesia de Cristo. Mucha gente rechaza los avivamientos, el poder, la gloria y los milagros de Dios porque tiene miedo de su presencia y porque no quiere pagar el precio de mantener su fuego encendido.

En este estudio, vamos a explorar lo que significa el hecho de que Dios sea un fuego consumidor. Es más, vamos a aprender lo que significa ser llenos del Espíritu Santo y su fuego. Llegaremos a entender el propósito del fuego de su presencia, lo que produce en nosotros y cómo mantenerlo encendido; lo cual nos animará a salir y levantar la gran cosecha final de almas, preparada por el Señor antes de su venida.

Preguntas de estudio

Parte I: El fuego de Dios

1. En el capítulo anterior, aprendimos que el Señor le enseñó a Moisés a reverenciar su presencia diciéndole que se quitara las sandalias en reconocimiento del lugar santo que estaba pisando.

   (a) Inicialmente, ¿cómo encontró Moisés la manifestación de la presencia de Dios en el *"Ángel de Jehová"*? (Éxodo 3:2)

   _____

   _____

   (b) ¿De dónde le habló el Señor a Moisés? (Éxodo 3:4b)

   _____

   _____

   Cuando Moisés tuvo la experiencia con la zarza ardiendo recibió el fuego de la presencia de Dios.

2. ¿Qué recordatorio continuo del fuego de Dios iba con la nación de Israel? (Éxodo 13:21b)

   _____

3. ¿Cómo apareció la gloria del Señor a los israelitas sobre el Monte Sinaí? (Éxodo 24:17)

   _____

4. ¿Qué les dijo Moisés a los israelitas después de exhortarlos a guardar el pacto que el Señor había hecho con ellos y a no volverse a la idolatría? (Deuteronomio 4:24)

   _____

5. En el libro de Isaías, la santidad y la justicia del Señor son descritas como *"fuego devorador"* y *"llamas eternas"* (vea Isaías 30:27; 33:14). ¿Quién dijo Isaías que podría morar con este tipo de fuego? Complete lo siguiente:

Isaías 33:15a: *"El que* _____ _____ _____ _____

_____ _____ _____ ".

6. ¿Qué nos enseña la gracia de Dios manifestada para salvación? (Tito 2:12)

_____

_____

Mucha gente quiere ser santa pero no quiere pagar el precio de ser santificada.

---

7. (a) ¿Cuál es el aspecto principal de la voluntad de Dios para nosotros? Complete lo siguiente:

1 Tesalonicenses 4:3: *"Pues la voluntad de Dios es vuestra*

_____ ".

(b) ¿Qué oró Pablo que la paz de Dios haga por completo en los tesalonicenses? (1 Tesalonicenses 5:23a)

_____

(c) Enumere los tres aspectos de la creación humana de los cuales Pablo oró que permanecieran sin mancha, en los tesalonicenses, para la venida del Señor Jesucristo. (1 Tesalonicenses 5:23b)

_____

(d) ¿Quién realizaría esta preservación y por qué? (1 Tesalonicenses 5:24)

_____

8. ¿Quién es nuestro Abogado con el Padre cuando pecamos y no vivimos en rectitud y santidad? (1 Juan 2:1b)

_____

Parte II: Jesús vino a traer poder y fuego

9. ¿De qué (dos) maneras dijo Juan que nos bautizaría Jesús? (Mateo 3:11b)

_____

DEFINICIÓN CLAVE: La palabra griega para "bautizar" en Mateo 3:11 es *baptizo*, que significa "sumergir" y "mojar por completo". Esta palabra era usada para describir el caso de un bote cuando era cubierto o sumergido por una gran ola, y esto es en esencia lo que sucede cuando somos bautizados en aguas, por inmersión. Somos cubiertos por completo, totalmente sumergidos bajo el agua. La misma experiencia sucede cuando somos bautizados con el Espíritu Santo y fuego. Somos sumergidos en el fuego consumidor de la presencia de Dios, lo cual afecta todo nuestro ser.

10. ¿Qué dijo Jesús que había venido a echar a la tierra? (Lucas 12:49)

_____

11. ¿Con qué les dijo Jesús a sus discípulos que serían investidos cuando viniera sobre ellos *"la promesa"* del Espíritu Santo? (Lucas 24:49b)

_____

Usted no podrá impartir el fuego hasta que haya experimentado la zarza ardiendo.

12. ¿Cuál sería el resultado de esta investidura? (Hechos 1:8b)

_____

DEFINICIÓN CLAVE: La palabra griega traducida como *"poder"* en Lucas 24:49 y Hechos 1:8 es *dúnamis*, que significa "fuerza" o "poder milagroso". Ésta es la palabra de la cual se derivan los términos *dinámico* y *dinamita,* con la implicación de "poder explosivo".

13. Esta investidura de poder era notable en los discípulos cuando predicaban las buenas nuevas del reino y realizaban sanidades y milagros en el nombre de Jesús. ¿Qué decía de los discípulos alguna gente que se oponía a ellos en Tesalónica? (Hechos 17:6b)

_____

14. ¿Qué hace el Espíritu Santo en el mundo a través de nuestro testimonio y de las obras milagrosas que hacemos en su poder? (Juan 16:8)

_____

La persona con una experiencia del poder de Dios ya no depende de la opinión de nadie.

REFLEXIONES ACERCA DE LA NATURALEZA TRANSFORMADORA DEL FUEGO DE DIOS

La zarza ardiendo que vio Moisés no se consumía porque el fuego de Dios nunca se extingue. Esta manifestación señalaba la eternidad del Señor y la pasión por Dios que ardería en el corazón de Moisés; el cual había sido transformado para siempre en esta experiencia con la zarza ardiendo. Dios desató en él la misma pasión que Él tenía por liberar al pueblo de Israel, que estaba cautivo en Egipto. Un momento en el fuego de Dios llevó a Moisés a liberar a un pueblo que no había liberado en el transcurso de sus ochenta años; si bien, durante su juventud, había tratado de hacerlo en sus propias fuerzas. Moisés se convirtió en un fiel amigo de Dios, un líder de millones, un hombre celoso de hacer la voluntad de su Señor, haciendo milagros, señales y maravillas por su mano y hablando con Él cara a cara. Nada de esto hubiera sucedido o se hubiera podido imaginar, ni remotamente, sin la experiencia de la zarza ardiente. Fue sólo después de este encuentro que fue capaz de creer, levantarse y guiar a una nación entera a recibir su herencia en la Tierra Prometida. Este cambio fue a causa del ¡fuego de la presencia de Dios!

Usted puede tener una experiencia similar. Dios es el Dios viviente que sigue haciendo milagros entre su pueblo. Él tiene una misión especial para que usted lleve a cabo —la razón por la que fue creado— y le dará su fuego de manera que sea empoderado para cumplirla, un fuego que nunca se apagará. Lo que sea que no haya sido capaz de hacer hasta ahora, lo hará con el fuego de Dios.

Parte III: Diez propósitos del fuego de Dios

15. Un propósito del fuego de Dios es generar una pasión por salvar almas.

    (a) ¿Cómo describió Jesús a sus seguidores? (Mateo 5:14a)

    _____

    (b) ¿Con qué propósito debemos permitir que la luz de la gloria de Dios alumbre al mundo a través de nosotros? (Mateo 5:16)

    _____

No podemos ser luz si no estamos en fuego.

---

16. El segundo propósito del fuego de Dios es traer juicio. En la Biblia vemos que, a veces, Dios enviaba su fuego santo con el propósito de juzgar a aquellos que abiertamente lo ignoraban a Él o sus mandamientos.

    (a) ¿Qué les sucedió a las ciudades de Sodoma y Gomorra por sus múltiples transgresiones y su severa iniquidad? (Génesis 19:24)

    _____

    (b) ¿Qué les pasó a los hijos de Aarón, sacerdotes de Dios, cuando ofrecieron "*fuego extraño*" (Levítico 10:1) delante del Señor? (Levítico 10:2)

    _____

    (c) ¿Qué está reservado para el fuego hasta el día del juicio final? (2 Pedro 3:7a)

    _____

Cada vez que la tierra se llena de corrupción y violencia
Dios trae su juicio para purificarla, por lo general, con fuego.

---

17. El tercer propósito del fuego de Dios es purificar y santificar a su pueblo.

(a) ¿Cuál es la diferencia del juicio de Dios para los creyentes y de su juicio contra el mundo? (1 Corintios 11:32)

_____

_____

(b) ¿Qué deberíamos hacer para que el Señor no tenga que juzgarnos? (1 Corintios 11:31)

_____

(c) ¿Qué debemos pedirle a Dios que haga por nosotros al emprender el proceso descrito arriba y por qué? (Salmos 139:23–24)

_____

_____

El fuego de Dios cae sólo donde hay sacrificio,
porque esto prueba que lo ofrecido a Dios es real.

---

18. El cuarto propósito del fuego de Dios es revelar nuestros verdaderos motivos y la genuinidad de nuestra fe.

(a) ¿Con qué es comparado el Mesías? (Malaquías 3:2b)

_____

(b) ¿Para qué *"se sentará"* Él? (Malaquías 3:3a)

_____

(c) ¿Con qué propósito afinará Él a su pueblo? (Malaquías 3:3b)

_____

19. ¿Cómo describió Pedro la prueba de nuestra fe a través de las diferentes tribulaciones y persecuciones? Complete lo siguiente:

    1 Pedro 1:7: "…*para que sometida a prueba vuestra fe, mucho más preciosa que el oro, el cual aunque perecedero* _____ _____ _____

    _____*, sea hallada en alabanza, gloria y honra cuando sea manifestado Jesucristo*".

20. El día del juicio, ¿qué probará el fuego de Dios? (1 Corintios 3:13b)

    _____

21. El quinto propósito del fuego de Dios es producir en nuestro interior una pasión por cumplir nuestro llamado.

    (a) ¿Cómo describió el profeta Jeremías la palabra que Dios había puesto en su corazón, la cual trató de reprimir? Complete lo siguiente:

    Jeremías 20:9b: "*No obstante, había en mi corazón* _____ _____

    _____ _____ _____ _____ _____

    _____…".

    (b) ¿Pudo retener Jeremías lo que Dios había puesto dentro de él para decirles a los israelitas? (Jeremías 20:9b)

    _____

El fuego de la presencia de Dios desata la pasión que hay en Él.

REFLEXIONES ACERCA DE AVIVAR NUESTROS DONES

En 2 Timoteo 1:6, el apóstol Pablo anima a Timoteo a avivar el fuego del don del Espíritu Santo que él le había impartido, que Timoteo ya había recibido, y que había sido activado en el principio. La palabra griega traducida como "avivar" es *anazopureo*, que significa "volver a encender". Primero, debemos avivar nuestros dones personales para luego, con el mismo fuego, ayudar a otros a avivar sus dones. Esto requiere una decisión personal de buscar ser encendidos con el fuego de Dios.

---

22. El sexto propósito del fuego de Dios es producir en nosotros una pasión para perseverar y vencer la oposición a Dios y al evangelio.

    (a) ¿Qué tuvo que soportar Jesús durante su difícil ministerio, su juicio injusto, las interrogaciones de los líderes religiosos y políticos, y su agónica muerte en la cruz, por su pasión por Dios y *"el gozo puesto delante de él"* (Hebreos 12:2)? (Hebreos 12:3a)

    _____

    (b) Enumere las diferentes dificultades y tribulaciones que enfrentó el apóstol Pablo por la causa del evangelio, con una resistencia alimentada por el fuego de su encuentro con Jesús en el camino a Damasco. (2 Corintios 11:23b–28)

    _____

    _____

    _____

    _____

    _____

La disciplina causa la admiración de otros, pero la pasión es contagiosa.

---

23. El séptimo propósito del fuego de Dios es producir una pasión interna por conocerlo íntimamente.

    (a) Describa las razones por las cuales Pablo dijo que contaba como pérdida todo lo que antes había sido ganancia para él. (Filipenses 3:8)

    _____

    _____

(b) ¿Cuáles eran las metas espirituales más altas de Pablo? (Filipenses 3:10)

_____

_____

Cuando la vieja atmósfera cambia a una atmósfera de gloria,
se genera hambre y sed en el espíritu de la gente.

---

24. El octavo propósito del fuego de Dios es darnos una osadía sobrenatural.

    (a) ¿Qué vieron y percibieron los líderes religiosos en Pedro y Juan que los maravilló? (Hechos 4:13a)

    _____

    (b) ¿Qué les reconocían estos líderes? (Hechos 4:13b)

    _____

25. Pedro y Juan, después de que los líderes los intimaron a no hablar o enseñar en el nombre de Jesús, se reunieron con sus compañeros y oraron al Señor.

    (a) ¿Qué fue lo único que pidieron? (Hechos 4:29b)

    _____

    (b) ¿Qué les sucedió como resultado de esta oración? (Hechos 4:31b)

    _____

    _____

REFLEXIONES SOBRE EL BAUTISMO CON FUEGO

Hay creyentes que han recibido la llenura del Espíritu Santo con la evidencia de hablar en otras lenguas y que han sido llenos con poder del cielo, pero nunca han testificado de Jesús. Tampoco han orado por los enfermos ni han expulsado demonios. Tienen la dinamita, pero no ha sido encendido con fuego.

Cuando el fuego ya no arde, no importa cuánto aceite haya, la lámpara no alumbra. Del mismo modo, no podemos ser testigos de Jesús, poderosos y eficaces, si nuestra lámpara no ha sido encendida con el fuego de la gloria de Dios. Los cristianos que están pasivos e indiferentes han perdido el fuego o, para empezar, nunca lo han recibido.

El bautismo con fuego toma lugar cuando vamos delante de Dios para que Él nos prenda en llamas con la misma pasión que arde en su corazón; la pasión para ser testigos de Jesús y llevar la verdad del dominio, señorío y voluntad del Rey a la tierra, haciendo milagros en su nombre y por su mano.

---

26. El noveno propósito del fuego de Dios es generar una pasión por ver milagros, señales y maravillas como confirmación del mensaje del evangelio.

    (a) ¿Qué le pidieron Pedro, Juan y sus compañeros al Señor en conexión con su oración por osadía? (Hechos 4:30)

    _____

    _____

    (b) ¿Cómo fue respondida esta oración? (Hechos 5:12a)

    _____

27. El décimo propósito del fuego de Dios es el avivamiento. La unción de Jesús trajo transformación física, emocional, mental, social y espiritual a la vida de la gente, y es una unción que Él nos ha transmitido a través de la morada del Espíritu Santo en nosotros. Como repaso, escriba los diferentes aspectos de esta unción. (Lucas 4:18–19)

    _____

    _____

    _____

Jesús viene por una iglesia que no sólo está experimentando
un avivamiento sino que está en fuego por la cosecha.

Conclusión

Cuando Jesús ministraba en la tierra, su mayor pasión era desatar el fuego de la presencia de Dios, para que después de su resurrección, las multitudes alrededor del mundo pudieran reproducir sus milagros y llevar a hombres y mujeres a conocer al Padre, con la misma pasión que Él tenía —además de proveer para nuestra salvación—; ésta es la razón por la que fue a la cruz y murió. Cuando resucitó, se desató un bautismo de fuego sobre los discípulos en Pentecostés, y ellos comenzaron a sacudir el mundo.

Todo creyente necesita pasar dicha experiencia. Nos ayuda a producir evidencias sobrenaturales que de Jesús en verdad está vivo. Sin ellas, sólo tendremos una *opinión* acerca del poder sobrenatural; pura teoría. Sin embargo, una vez que experimentamos el fuego, somos encendidos en una pasión sin fin que nos llevará a la demostración del poder sobrenatural. También seremos capaces de transferir ese poder a otros, para desatar avivamientos, sanidades, milagros, señales y maravillas. Estas manifestaciones van a liberar a personas, ciudades y naciones de la atadura del pecado, la enfermedad y las maldiciones.

Oración de activación

Padre de la gloria, gracias por todos los estudiantes que están aprendiendo acerca de tu gloria a través de este estudio bíblico. Que todos aquellos que nunca han sido llenos con poder, por el bautismo del Espíritu Santo y con la evidencia de hablar en otras lenguas, sean llenos ahora mismo. Desata el fuego de tu presencia sobre todo aquel que tenga hambre del mismo. Sumérgelos y enciéndelos en él. ¡Que sean llenos con tu poder y fuego! Tenemos fe absoluta en que tu fuego está ardiendo dentro de nosotros ahora mismo. En el nombre de Jesús, amén.

Pasos para la acción

+ Cada vez que sienta que pierde su fuego y pasión por Dios, pídale al Espíritu Santo que desate ese fuego y pasión en su interior otra vez. Use Salmos 139:23–24 para orar, y pídale al Señor que busque en su corazón cualquier mala actitud de la que deba arrepentirse, y vuelva a Él.

+ Cuando experimente el fuego de la presencia de Dios, no tema, pues sabe que es para su santificación, no para condenación. Responda en sumisión, humildad, fe y obediencia.

+ Una vez que el fuego de Dios sea encendido en usted, vaya como instrumento del Señor y sea testigo de Jesús. Dígales a otros acerca de su evangelio de salvación, ore por los enfermos e impóngales las manos para sanidad, y expulse demonios. Busque usar los diferentes dones y capacidades que Dios le ha dado, a medida que el Espíritu obra a través de usted.

EXPERIENCIAS CON LA GLORIA DE DIOS

Una vida rescatada y un ministerio en fuego en las calles de Miami

Andy es un joven que creció en una familia disfuncional. Su padre no conoció a su propio padre hasta que tuvo dieciocho años, y su abuelo perdió a su padre a los dos años de edad. Una maldición generacional de hogares destruidos, divorcio y adulterio afligía la vida de este joven y su familia. Su padre era física y verbalmente violento; lo cual llevó a Andy a sentir un fuerte odio y rechazo hacia él. Más adelante, este odio se tornó en rebeldía. De adolescente, entró en el mundo de las drogas y las pandillas, donde conoció gente que se sentía como él. En lugar de encontrar respuesta a su dolor, halló una vía más rápida para ahondar la depresión, el sentido de identidad perdida y la falta de amor paterno que sentía dentro. La vida no tenía valor para él; por lo que finalmente decidió suicidarse.

Sin embargo, la noche en que había decidido quitarse la vida, oyó una voz decir: "No lo hagas. Tengo un propósito para ti". La voz le dio tal convicción en su corazón que cayó de rodillas y comenzó a llorar; después de años de no poder derramar una sola lágrima gracias a la dureza de su corazón. Aquella noche, le pidió a Dios que entrar en su corazón y cambiara su vida. Andy nunca había sentido un amor tan verdadero y tan puro como el amor del Padre celestial, y nunca volvió a ser el mismo. Se enamoró por completo de Dios. Dejó las drogas, el sexo ilícito, las pandillas, la delincuencia y la falta de perdón. En lugar de todo esto, comenzó a asistir a las oraciones de la madrugada en el Ministerio El Rey Jesús donde fue entrenado en la oración.

Andy se convirtió en pastor de jóvenes de la iglesia y, hoy, sirve fielmente a Dios. Está produciendo una revolución espiritual entre la juventud, activándola en los dones de palabra de conocimiento, profecía y liberación para evangelizar las calles de Miami con señales, maravillas y tremendos frutos. Se ha multiplicado en otros que también están en fuego por Cristo; jóvenes que dan cuidado pastoral y que testifican como él lo hace, bajo el eslogan "Gloria en las calles". Este grupo sale cada sábado a evangelizar por las calles, invadiendo toda la ciudad, incluyendo las zonas peligrosas. En las primeras quince semanas de "gloria en las calles" estos jóvenes han cosechado más de seis mil profesiones de fe. "Gloria en las calles" se está expandiendo ahora a Washington, D.C., Nueva York, México, Venezuela, Argentina, Guatemala, España e Inglaterra. A los veintiséis años de edad, Andy imparte el fuego del cielo a los líderes de jóvenes que están bajo la cobertura del Ministerio El Rey Jesús. ¡Dios está levantando la generación del fuego!

Estudio 15

Vasos de barro escogidos para portar su gloria

"Pero tenemos este tesoro en vasos de barro, para que la excelencia del poder sea de Dios, y no de nosotros".
—2 Corintios 4:7

Introducción

Desde el principio de la creación Dios planeó que la mujer y el hombre vivieran y caminaran en su gloria; que fueran portadores de su presencia. Como hemos visto, su propósito siempre ha sido morar en nosotros; por eso depositó su aliento de vida en nosotros y nos considera los seres supremos entre su creación, coronados de gloria y honra (vea Salmos 8:5).

El ser humano fue el primer tabernáculo de la presencia de Dios. Aun así, desde el momento en que el hombre pecó y cayó de su gloria, Dios dejó de tener un lugar físico donde morar. De este modo comenzó a desplegarse su plan de restauración. Hizo a Jesús —quien fue 100 por ciento hombre y 100 por ciento Dios—, un lugar para morar, un hogar, un tabernáculo para sí mismo. Jesús caminó sobre la tierra como *"Emanuel"*, que significa *"Dios con nosotros"* (Mateo 1:23). Dios el Padre habitó en el Hijo, quien vino a sanar al enfermo y liberar a aquellos que estaban oprimidos por el diablo. Después de que Jesús pagó el precio por el pecado de la humanidad en la cruz y se levantó otra vez, el espíritu humano fue hecho nuevo para recibir el don del Espíritu de Dios en su interior. Y el plan de Dios es que "portemos" su gloria dondequiera que vayamos.

Preguntas de estudio

Parte I: La gloria primera

1. ¿Qué declaró el Señor, a través del profeta Hageo, con referencia a la manifestación de su gloria en la tierra? (Hageo 2:9a)

2. ¿En qué periodo fue la gloria primera? Complete lo siguiente:

Lucas 16:16a: "_____ _____ _____ _____

_____ *eran hasta Juan* [el Bautista]".

3. Resuma brevemente algunos de los actos sobrenaturales que ocurrieron durante la gloria primera, varios de los cuales tratamos en estudios anteriores:

(a) Éxodo 14:21–22, 29:

_____

(b) Éxodo 13:21:

_____

(c) Éxodo 15:23–25:

_____

(d) Josué 6:20:

_____

(e) 1 Reyes 17:9–16:

_____

_____

(f) 2 Reyes 5:1–14:

_____

(g) 2 Reyes 13:20–21:

_____

(h) Daniel 3:13–27:

_____

Parte II: Una nueva morada para la gloria de Dios

4. Cuando la Palabra (Jesús) *"fue hecho carne, y habitó entre nosotros"* (Juan 1:14a), ¿qué presenciaron sus discípulos en Él? Complete lo siguiente:

   Juan 1:14b: *"...(y vimos _____ _____, _____ _____*

   _____ _____ _____ _____), lleno de gracia y de

   verdad".

5. La vida y el ministerio de Jesús, incluyendo las sanidades y los milagros que realizó, unieron la gloria primera con la postrera, pero Él vivió bajo la ley hasta su resurrección. ¿Qué razón le dio Jesús a Juan para explicarle por qué debía ser bautizado por él? (Mateo 3:15b)

   _____

6. ¿Qué dijo Jesús que vino a hacer con relación a la Ley y los Profetas? (Mateo 5:17b). Elija una de las siguientes opciones y circule la letra correspondiente:

   (a) cumplirlos

   (b) abrogarlos

   (c) rechazarlos

   (d) ignorarlos

7. La encarnación de Dios en Jesucristo marcó el primer momento, desde la caída de la humanidad, en que Dios habitaba en un Hombre. Escriba lo que Jesús declaró cuando oró al Padre con respecto a aquellos que habían creído y los que creerían en Él. (Juan 17:22)

   _____

8. ¿Qué día llegó la gloria postrera por completo a la tierra con el derramamiento del Espíritu Santo? (Hechos 2:1a)

_____

Somos portadores de la gloria de Dios por medio de su Espíritu que mora en nosotros.

Parte III: La gloria postrera

9. La gloria *"postrera de esta casa"* (Hageo 2:9) es mayor que la de la primera por lo que Jesús logró con su muerte y resurrección.

    (a) ¿Qué dijo Pablo que es el cuerpo físico de un creyente? (1 Corintios 6:19a)

    _____

    (b) ¿Qué profecía del Antiguo Testamento citó Pablo para enfatizar que la iglesia, como un todo, es también *"el templo del Dios viviente"*? (2 Corintios 6:16b)

    _____

    _____

10. ¿Para ser qué dijo Pablo que todos los miembros del cuerpo de Cristo van creciendo coordinados? Complete lo siguiente:

    Efesios 2:21–22: *"…en quien todo el edificio, bien coordinado, va creciendo para*

    _____ _____ _____ _____ _____

    _____; *en quien vosotros también sois juntamente edificados para*

    _____ _____ _____ *en el Espíritu".*

11. (a) ¿Qué tienen los creyentes como herencia, a través de Jesús, bajo la gloria postrera? (Efesios 1:18b)

    _____

(b) En la metáfora de Pablo, ¿dónde tenemos actualmente estas riquezas o *"tesoro[s]"*? (2 Corintios 4:7a)

_____

(c) ¿Cuál es la razón de esto? (2 Corintios 4:7b)

_____

12. (a) ¿Cómo llamó Pablo a los vasos a quienes Dios ha concedido *"las riquezas de su gloria"*? (Romanos 9:23a)

_____

(b) ¿Para qué ha preparado Dios estos vasos de antemano? (Romanos 9:23b)

_____

13. La siguiente Escritura explica más acerca de por qué la gloria postrera, que viene del ministerio de Jesús, es *"tanto mejor"* que la gloria primera. Complete lo siguiente:

Hebreos 8:6: *"Cuanto [Jesús] es mediador de* _____ _____

_____*, establecido sobre* _____

_____*."*

14. ¿Qué dijo Jesús que harían los creyentes de la gloria postrera, ya que Él iba al Padre? (Juan 14:12b)

_____

Parte IV: Demostrar la gloria de Dios en la tierra

15. Los primeros versículos de Isaías 60 ilustran la gloria de Dios que está en nosotros y sobre nosotros, y cómo le mostramos esa gloria al mundo.

¿Cuál es la primera palabra en Isaías 60:1 que nos dice cómo comenzar a manifestar la gloria de Dios?

_____

16. (a) ¿Qué cita incluyó Pablo en su carta a los efesios, que combinaba la idea de la luz de Isaías 60:1 con el concepto de la resurrección / nueva vida de Isaías 26:19? (Efesios 5:14)

_____

(b) Hay dos palabras de acción en esta cita, las cuales son llamados espirituales a la acción. Una de ellas es *"levántate"*. ¿Cuál es la otra? (Efesios 5:14)

_____

No podemos ver la presencia de Dios manifestada si no la buscamos.

---

17. (a) ¿Cuál es la segunda palabra en Isaías 60:1 que nos anima a reflejar la gloria de Dios?

_____

(b) ¿Cómo describe Pablo la influencia de los creyentes filipenses, quienes *"en medio de una generación maligna y perversa"* (Filipenses 2:15), estaban *"asidos de la palabra de vida"* (versículo 16a)? Complete lo siguiente:

Filipenses 2:15b: *"…en medio de la cual* _____ _____

_____ _____ _____ _____ ".

DEFINICIÓN CLAVE: La palabra *"resplandece"* en Isaías 60:1 es la traducción de la palabra hebrea *owr*, cuya definición incluye "ser o convertirse en luz", "ser luminoso", "dar, mostrar luz", e incluso "prender fuego".

---

18. El tercer aspecto de Isaías 60:1, que ilustra la manifiesta gloria de Dios es la frase: *"porque ha venido tu luz"*.

(a) ¿Qué dijo el apóstol Juan acerca de la vida que había en Jesús? (Juan 1:4b)

_____

(b) Cuando la luz brillante de Cristo resplandeció en Saulo (Pablo), en el camino a Damasco, y Saulo calló al piso, ¿qué fue lo primero que Cristo le dijo, aludiendo a la declaración de *"levántate"* en Isaías 60:1? Complete lo siguiente:

Hechos 26:16a: *"Pero* _____*, y* _____ _____ _____

_____*"*.

(c) Después de que Pablo experimentara y recibiera la luz de Cristo, ¿qué fue enviado a hacer por aquellos que no conocían a Cristo —un llamado que nosotros compartimos hoy—? Complete lo siguiente:

Hechos 26:18a: *"Para que abras sus ojos,* _____ _____ _____

_____ _____ _____ _____

_____ _____ _____*, y* _____ _____ _____ _____

_____ _____ _____*...".*

(d) Cuando cumplimos este llamado, ¿qué ayudamos a la gente a recibir? (Hechos 26:18b)

_____

_____

Las tinieblas son la aterrorizante influencia del reino de Satanás en la tierra.
La luz es la gloria de Dios que erradica las tinieblas.

REFLEXIONES ACERCA DE LA GLORIA PRIMERA Y POSTRERA

Yo creo que la gloria postrera es la unión de la gloria primera con la gloria postrera; magnifica el poder que se desata y las maravillas de las cuales testificamos. Las manifestaciones de esta nueva gloria están sucediendo en el presente; y las veremos en su plenitud, en el futuro. A través de Cristo, podemos vivir en las dimensiones de la fe y de la gloria, con la capacidad de experimentar las manifestaciones de la gloria de Dios en el *ahora*; todo porque Jesús conquistó la cruz y ¡se levantó de entre los muertos!

¿Qué manifestaciones podemos esperar ver en la gloria postrera? Podemos estar a la expectativa de ver una aceleración de la obra de Dios en toda área, así como transformaciones radicales; milagros, señales y maravillas, la expulsión de demonios, millones de almas ganadas para Cristo, dominio sobre la naturaleza, provisión y protección sobrenaturales, ciudades, naciones y continentes sacudidas por los avivamientos producidos por la gloria de Dios, y otros fenómenos incomprensibles.

---

19. (a) ¿Cómo describió Isaías la venida de la gloria del Señor sobre su pueblo, usando la imagen del sol natural? (Isaías 60:1b)

    _____

(b) Cuando el padre de Juan el Bautista profetizó acerca del Mesías que venía, ¿qué palabras similares utilizó? Complete lo siguiente:

Lucas 1:78b (NVI): *"...gracias a la entrañable misericordia de nuestro Dios, así*

_____ _____ _____ _____ _____

_____ *".*

(c) ¿Qué haría el Mesías cuando viniera? (Lucas 1:79a, NVI)

    _____

(d) ¿Qué ejemplos de milagros y señales le dio Jesús a Juan el Bautista como prueba de que Él era el *"sol naciente"* de quien su padre había profetizado? (Mateo 11:5)

    _____

    _____

    _____

20. Cuando la gloria de Dios nazca sobre nosotros y la recibamos, *"sobre ti será vista su gloria"* (Isaías 60:2b).

    (a) ¿De qué manera literal vio el concilio religioso, la gloria de Dios sobre Esteban cuando fue llevado ante ellos acusado falsamente de blasfemia? (Hechos 6:15b)

    _____

    (b) ¿Cómo fue "vista", de manera especial, la gloria de Dios sobre Pablo? (Hechos 19:11–12)

    _____

    _____

21. (a) ¿Qué dijo Isaías que sucedería en la tierra en los días de la gloria postrera, si bien la gloria de Dios está sobre su pueblo? (Isaías 60:2a)

    _____

    (b) ¿Cuáles son algunas de las formas que ha tomado, y tomará, esta terrible situación antes de la venida de Cristo? (Mateo 24:6a, 7, 9–12; Lucas 21:11b)

    _____

    _____

    _____

    (c) ¿Cuáles son las "buenas noticias" en este panorama? (Mateo 24:14)

    _____

    _____

    (d) ¿Qué exhortó a hacer Pablo a los creyentes en lo que se refiere a las *obras infructuosas de las tinieblas*? (Efesios 5:11a)

    _____

(e) Porque en otro tiempo *"erais tinieblas"* pero ahora son *"luz en el Señor"* (Efesios 5:8), ¿cómo deben caminar los creyentes como hijos de luz, llevando el fruto del Espíritu? Complete lo siguiente:

Efesios 5:9: *"Porque el fruto del Espíritu es en* _____ _____,

_____ *y* _____*"*.

(f) ¿Qué animó a hacer, Pablo a los creyentes, además de caminar en la luz de Cristo con diligencia y sabiduría, y por qué razón? (Efesios 5:16)

_____

La gloria de Dios puede manifestarse en cualquiera de sus aspectos,
visible e invisible, aquí y ahora.

---

22. (a) ¿Quién dijo Isaías que vendría al pueblo de Dios cuando vieran la gloria sobre él? (Isaías 60:3)

_____

(b) En un ejemplo de este concepto, en el Antiguo Testamento, ¿a quién llamó el Faraón cuando necesitó una explicación sobrenatural para su sueño inusual — el cual terminó siendo una palabra profética acerca del futuro de su nación—? (Génesis 41:14–15)

_____

(c) ¿Quién aclaró, esta persona, que interpretaría el sueño de Faraón? (Génesis 41:16)

_____

(d) ¿Cuál fue uno de los primeros oficiales gentiles que se convirtió a Cristo por el evangelio? (Hechos 10)

_____

(e) ¿Qué razón les dio Jesús a sus discípulos para ser llevados ante gobernantes y reyes por su causa? (Marcos 13:9b)

_____

23. (a) ¿Qué dijo Isaías acerca de los *"hijos"* y las *"hijas"* de aquellos sobre quienes ha nacido la gloria del Señor? (Isaías 60:4b)

_____

(b) ¿Qué dijo Dios que haría por los descendientes e hijos de su pueblo? (Isaías 44:3b)

_____

(c) ¿Qué más experimentarían los hijos del pueblo de Dios de parte del Señor, y qué tendrían? (Isaías 54:13)

_____

24. (a) ¿Qué dijo Isaías que vendría para aquellos sobre quienes ha resplandecido la luz de Dios? Complete lo siguiente:

Isaías 60:5b: "…_____ _____ _____ _____

_____ *hayan venido a ti*".

(b) Justo antes de liberar a los israelitas de la esclavitud de Egipto, ¿qué les dijo que hicieran? (Éxodo 11:2; 12:35)

_____

(c) ¿Qué le dio el Señor a su pueblo delante de los egipcios, y qué le dieron los egipcios? (Éxodo 12:36)

_____

(d) ¿Qué dijo Salomón que está guardado para el justo? (Proverbios 13:22b)

_____

25. ¿Qué dijo el Señor que haría al bendecir a su pueblo y traer a los gentiles a su luz? Complete lo siguiente:

Isaías 60:7b: "Y _____ _____ _____ _____ _____

_____".

Conclusión

Todo miembro del cuerpo de Cristo es responsable de portar, proteger y manifestar la gloria de Dios en la tierra. Somos el templo edificado, no por hombres, sino por la mano de Dios, donde su presencia habita por medio del Espíritu Santo.

La gloria de Dios todavía puede venir sobre nosotros, de la misma manera que vino sobre muchos de los siervos de Dios del Antiguo Testamento, tanto como lo hizo con los primeros cristianos (vea, por ejemplo, Hechos 11:15; 19:6). Sin embargo, la gloria de Dios también está *en* nosotros, tal como estuvo en aquellos primeros cristianos que creyeron en Jesús y recibieron al Espíritu Santo para que morara en ellos. ¡Esto es la gloria primera y la gloria postrera obrando juntas!

Las personas carnales o mundanas no entienden que Dios es sobrenatural; sienten que el ámbito espiritual no tiene sentido porque están en tinieblas y no pueden ver. Es nuestra responsabilidad y tarea demostrárselos, mostrarles la luz de Cristo y los milagros hechos en su nombre. Nadie puede "explicar" a Dios, pero cuando la gente lo experimenta, ya no necesita explicaciones. Si nos encontramos tratando de dar explicaciones es porque la religión nos ha separado de la experiencia. La gente va a creer en Dios cuando lo experimente. Cuando vea las cosas sobrenaturales que suceden a través de nosotros, se dará cuenta de que este poder extraordinario sólo viene de Dios. Entonces, comenzará a glorificar a Dios. Es maravilloso saber que, dondequiera que vayamos, este *"tesoro"* (2 Corintios 4:7) que habita en nosotros tiene la capacidad de salvar, sanar, liberar y transformar. El único requisito es que nos pongamos a disposición de Dios para manifestar su gloria.

Oración de activación

Padre de la gloria, somos vasos de barro, listos para llevar tu gloria a aquellos que nos rodean. Que tu gloria se levante sobre nosotros ahora, para que podamos despertar, levantarnos y resplandecer como reflejo de tu gracia, poder y majestad ante el mundo. Trae multitudes a la fe en Jesús, y derrama tu sanidad y milagros en las *"mayores obras"* que Jesús prometió. Glorifica la casa de tu gloria, ahora y por la eternidad, amén.

Pasos para la acción

+ Tu cuerpo es el *"templo del Espíritu Santo"* (1 Corintios 6:19). Considere si en alguna forma usted está maltratando este *"templo"* —tal vez comiendo demás, abusando de alguna sustancia, desatendiendo el ejercicio, etcétera— y deje de hacerlo. Tome la determinación de honrar al Señor con su vida entera, incluyendo su cuerpo físico.

+ Debemos aprender a caminar con prudencia y sabiduría en estos últimos días, y a redimir el tiempo *"porque los días son malos"* (Efesios 5:16). Escriba lo que puede hacer esta semana y este mes para redimir su tiempo, de modo que puede cumplir el propósito de Dios de manifestar su gloria al mundo. Cada semana, revise lo que ha escrito y renueve su compromiso de redimir su tiempo.

EXPERIENCIAS CON LA GLORIA DE DIOS

Resucitado para ministrar el poder de la resurrección de Dios

En Lima, Perú, el Pastor César Augusto Atoche fue llevado de urgencia al hospital por una obstrucción en la arteria coronaria. Le colocaron dos *bypass*, pero inmediatamente después de la cirugía sufrió un ataque cardíaco fatal. Los médicos dejaron la sala de operaciones abatidos y le informaron a su esposa que él había muerto. El cuerpo del Pastor Atoche quedó tendido en la sala de operaciones por poco más de una hora. Sus seres queridos estaban quebrados, llorando la muerte de su padre, de su pastor y de su líder. Era un momento de doloroso duelo.

Mientras esto ocurría, el Pastor Guillermo Maldonado estaba en Dallas, Texas —a más de 3.200 millas de distancia (más de 5.000 km) — haciendo una "teletón" para Enlace, un canal de televisión afiliado a TBN. La esposa del Pastor Atoche había enviado una ofrenda a Enlace y era el turno del Pastor Maldonado de tocar las ofrendas que habían entrado por teléfono y orar por ellas. Él no tenía idea de lo que le estaba sucediendo a este pastor, pero el Señor le mostró algo y, en obediencia, él dio la orden: "¡Levántate! ¡En el nombre de Jesús, yo te ordeno que te levantes!". En ese preciso momento, el Pastor Atoche volvió a la vida; ¡resucitó! ¡Imagine la conmoción en el hospital! Éste es el poder de la resurrección de Cristo. Dios lo levantó de la muerte clínica para que siguiera viviendo con un corazón perfectamente sano. Hoy, el Pastor Atoche es un testigo excepcional de lo que significa moverse en la gloria de Dios. Él ora por los enfermos y el poder de la resurrección sigue manifestándose a través de su vida, sanando, liberando, salvando y restaurando vidas en Perú. ¡La gloria postrera se está manifestando!

Estudio 16

Manifiesta la gloria de Dios mientras vas

"Id por todo el mundo y predicad el evangelio a toda criatura".
—Marcos 16:15

Introducción

¿Llevarás la presencia de Dios dondequiera que vayas, manifestando sus obras? En este estudio final veremos cómo pasar a otro nivel de pasión y osadía que nos impulsará, a través del amor de Cristo, a ir y ganar almas para Jesús, discipular creyentes y ser testigos que manifiesten su gloria con milagros, sanidades y otras maravillas. La gente de toda raza, cultura y nivel socioeconómico está siendo transformada en vasos que manifiestan su gloria. Jesús dijo que las señales seguirían a los creyentes y usted ¡no es la excepción! Permita que Dios manifieste su presencia en su vida, para su gloria y honra.

Preguntas de estudio

Parte I: Llamados a manifestar la gloria de Dios

1. ¿Qué hará saber el pueblo de Dios a los *"hijos de los hombres"*? (Salmos 145:12)

   _____

2. ¿Qué características nombró Jesús que tienen aquellos que creen en Él y ministran en su nombre? (Marcos 16:17b–18)

   _____

   _____

3. ¿Cómo podemos cumplir la voluntad de Dios y por qué medios? (Zacarías 4:6b)

_____

_____

Los creyentes son gente ordinaria usada por un
Dios sobrenatural para hacer obras extraordinarias.

Parte II: Una iglesia gloriosa

4. ¿Cómo describió Pablo la iglesia que Jesús vendrá a buscar cuando regrese —la iglesia por la que murió para santificar y limpiar—? (Efesios 5:27)

_____

REFLEXIONES ACERCA DE LA IGLESIA "GLORIOSA" DE CRISTO

La palabra *"gloriosa"* referida a la iglesia, en Efesios 5:27, indica la manifestación de todos los aspectos de la esencia de Dios. Recordemos que la palabra hebrea para "gloria", *kabód*, es usada figurativamente en el sentido de "esplendor", "abundancia", "honra" o "gloria". En el Antiguo Testamento, *kabód* se usó indistintamente para describir la riqueza de una persona, su poder o majestad, posición de influencia o gran honra.

Alguien glorioso es honorable, ilustre, estimado, de fortuna, solvente, seguro, de alta reputación y espléndido. De acuerdo con esto, una iglesia gloriosa es aquella que demuestra visiblemente el poder de Dios con milagros, señales, maravillas, sanidades y echando fuera demonios. Una iglesia gloriosa manifiesta la santidad, el carácter y la pureza de su Rey; manifiesta su riqueza en la tierra; resplandece con la luz de Cristo, testificando de Él dondequiera que va, y remueve las tinieblas. Esta iglesia gloriosa predica, establece y expande el reino en todo lugar, continuamente. Manifiesta la vida de resurrección de Jesús haciendo milagros creativos, levantando los muertos y tomando dominio en cada área de la sociedad; en la política, las ciencias, la medicina, los negocios, deportes, educación, religión, las artes y más. Y lo hace resplandeciendo con la luz de Cristo y disipando las tinieblas de Satanás.

El movimiento de Dios del tiempo final será el de la manifestación de los hijos de Dios.

5. (a) Si bien pasamos diferentes tipos de dolor y sufrimiento en este mundo, ¿con qué no podemos compararlos? (Romanos 8:18)

_____

(b) ¿Qué anhela ardientemente la creación? (Romanos 8:19)

_____

6. Describa el efecto que "producen" en nosotros las persecuciones y las pruebas. (2 Corintios 4:17b)

_____

7. No importa lo que tengamos que pasar, ¿qué somos a través de Cristo y de su amor? (Romanos 8:37)

_____

El creyente que quiere ser un vaso escogido para portar la gloria de Dios debe cruzar la línea de la comodidad, la conveniencia y el razonamiento natural.

Parte III: Demuestre el reino, el poder y la gloria

8. (a) ¿Qué dijo Jesús que le pertenece a Dios el Padre? (Mateo 6:13b)

_____

(b) Escriba lo que debemos orar a Dios con respecto a su reino. (Mateo 6:10)

_____

REFLEXIONES ACERCA DEL REINO, EL PODER Y LA GLORIA

Cada uno de estos aspectos es distinto: El reino es el mensaje del cielo. El poder es la capacidad del cielo. Y la gloria es la atmósfera o medio ambiente del cielo. Jesús demostró poderosamente el mensaje del evangelio que portaba y trajo el medio ambiente del cielo a la tierra. Nosotros estamos llamados a hacer lo mismo. La razón principal por la que los creyentes que han sido bautizados con el Espíritu Santo y fuego asisten a la iglesia es recibir conocimiento, revelación, activación y el fuego de su gloria para "llevarlo" afuera. Si el reino no es manifestado en las calles y si el conocimiento de la gloria no está llenando la tierra, es porque muchos creyentes no están haciendo nada con lo que han recibido.

---

9. ¿En qué (dos) distintas actividades se ocupaba continuamente Jesús mientras ministraba en la tierra? (Hechos 1:1b)

_____

10. Según su conclusión, ¿qué razón dio Nicodemo para decir que Jesús era un maestro que había venido de Dios? (Juan 3:2b)

_____

Los creyentes del Nuevo Testamento deben enseñar, demostrar y fluir en lo sobrenatural.

---

11. ¿De qué manera dijo Jesús que el reino de Dios estaba avanzando desde los días de Juan el Bautista? (Mateo 11:12)

_____

12. (a) ¿Cómo les comunicó Pablo el mensaje del evangelio a los corintios? (1 Corintios 2:4b)

_____

(b) ¿Cómo *no* fue comunicado su mensaje? (1 Corintios 2:4a)

_____

(c) ¿Cuál era el objetivo de Pablo al comunicar el evangelio como lo hacía? (1 Corintios 2:5)

_____

Lo sobrenatural fue diseñado para ser experimentado primero, y luego, entendido.

Parte IV: Pasos para manifestar la gloria de Dios, hoy

13. El primer paso para manifestar la gloria de Dios es creer de todo corazón. Escriba lo que le dijo Jesús a Marta que vería si creía. (Juan 11:40)

   _____

14. El segundo paso es ponerse a disposición de Dios para los propósitos de su gloria. Escriba lo que contestó Isaías cuando Dios le preguntó: *"¿Quién irá por nosotros?"*. (Isaías 6:8b)

   _____

15. El tercer paso es comprometerse a ir y manifestar la gloria de Dios.

   (a) ¿Qué comisión les dio Jesús a sus discípulos justo antes de ascender al cielo? (Marcos 16:15)

   _____

   (b) ¿En qué lugares dijo Jesús que sus discípulos deberían testificar de Él? (Hechos 1:8)

   _____

<u>DEFINICIÓN CLAVE</u>: La palabra *"id"* en la frase *"Id a todo el mundo"* (Marcos 16:15) es traducida del griego *poreuomai*, que significa "ir de camino, ir de un lugar a otro"; "es más usado para indicar procedimiento o curso"[1].

---

16. ¿Cómo comenzaron los apóstoles a cumplir la comisión que Jesús les dio de ser testigos de su resurrección en Jerusalén? (Hechos 4:33a)

   _____

17. Los seguidores de Jesús predicaron el evangelio en Jerusalén, donde había sido establecida la iglesia. Sin embargo, ¿qué tuvo que suceder para que muchos de ellos se movieran a las regiones de Judea y de Samaria? (Hechos 8:1)

   _____

---

1. *Vine's Complete Expository Dictionary of Old and New Testament Words* [Diccionario Expositivo Completo de las Palabras del Antiguo y del Nuevo Testamento, de Vine] (Nashville, TN: Thomas Nelson, Inc., Publishers, 1985), 269, s.v. "Go (Went), Go Onward."

18. (a) ¿Cómo expandió Felipe el ministerio del evangelio en cumplimiento de la declaración de Cristo acerca de dónde le serían testigos sus seguidores? (Hechos 8:5)

_____

(b) ¿Cómo siguió expandiendo el alcance del evangelio? (Hechos 8:40b)

_____

19. (a) ¿A quién llamó el Señor a predicarles el evangelio primeramente a los gentiles? (Hechos 9:11, 15; 26:14b, 17)

_____

(b) ¿A qué pueblos les predicó este hombre el evangelio, en cumplimiento de la comisión de Jesús? (Hechos 26:20a)

_____

_____

Usted experimentará el poder y la gloria de Dios sólo cuando vaya.

REFLEXIONES ACERCA DE "IR A TODO EL MUNDO"

La palabra griega traducida como *"mundo"* en Marcos 16:15, es *kosmos*, que significa "acuerdo ordenado". En su sentido inmediato, aparentemente se refiere a la tierra física como la esencia de la habitación humana[2], ya que Marcos usó un participio presente "mientras van por todo el mundo". Si bien, en otro sentido, la palabra *kosmos* puede denotar "'la condición actual de los asuntos humanos,' alejados de Dios y enemistados con Él". Yo considero ese sentido de *kosmos* (cosmos) como el orden social organizado o estructurado en el mundo en que vivimos, y está diseñado para funcionar contra el sistema, gobierno o reino de Dios, porque Satanás es el "*juicio de este mundo*" (Juan 12:31). ¿Cuáles son los sistemas de este mundo? Los sistemas principales son: política, justicia, artes (teatro, cine, música y otros entretenimientos), economía / finanzas, educación, comunicaciones, medicina y religión. Si bien hay

---

2. Ver, por ejemplo, Watchman Nee, *Love Not the World: A Prophetic Call to Holy Living* [No améis al mundo: Un llamado profético a la vida en santidad] (Fort Washington, PA: CLC Publications), 11.

creyentes trabajando en cada una de estas áreas, estos sistemas son generalmente controlados por Satanás y sus agentes humanos —gente que lo sirve (a sabiendas o ignorándolo) para mantener estos sistemas—. Nosotros podemos "ir" con el poder, el reino y la presencia de Dios a remover los poderes demoniacos que controlan estos sistemas, para que la gente venga al conocimiento de Cristo, y para que aquellos que pertenecen al reino de Dios puedan influenciar esas áreas.

Parte V: Demuestre lo sobrenatural mientras "va"

20. Cuando vamos a aquellos que no conocen a Cristo, ¿qué debemos hacer además de compartirles el mensaje del evangelio? (Mateo 10:8)

_____

21. (a) ¿En quién podemos confiar que trabajará con nosotros mientras predicamos el evangelio, como sucedía con los primeros cristianos? (Marcos 16:20)

_____

(b) Escriba lo que Dios usará para confirmar su Palabra. (Marcos 16:20b)

_____

22. ¿Qué les pidió Pablo a los tesalonicenses que oraran por él y su equipo ministerial, lo cual también debemos orar nosotros cuando ministramos el evangelio? Complete lo siguiente:

2 Tesalonicenses 3:1: "...*orad por nosotros,* _____ _____ _____

_____ _____ _____ _____ _____ _____

_____, *así como lo fue entre vosotros*".

---

*El único movimiento capaz de generar transformación
en la sociedad es el derramamiento de la gloria de Dios.*

Conclusión

Cuando usted pasa tiempo en la presencia y la gloria de Dios, descubre el verdadero propósito por el cual fue creado, y no hay nada más satisfactorio que eso; entonces, su vida finalmente tiene sentido. Usted vive cada día con pasión y ve el poder sobrenatural de Dios fluir a través de sus labios y manos.

La mayor parte del tiempo, Jesús "demostraba" antes de enseñar. La demostración sobrenatural vuelve receptivo el corazón de la gente, para creer y recibir la Palabra. Usted puede unirse a la generación de hombres y mujeres del "vino nuevo" que Dios está levantando para demostrar su gloria, cuya misión es impactar ciudades, naciones y continentes. Usted puede convertirse en un instrumento que Dios use para desatar la mayor corriente de milagros que el mundo haya visto jamás y para recoger la cosecha final de almas.

Cada capítulo del libro de los Hechos fue escrito para que usted reciba conocimiento y revelación, impartición y activación, de modo que vaya de inmediato a hacer lo mismo. Si usted lo convierte en mero conocimiento mental, vendrá a ser un religioso más que sabe la verdad pero no la vive. Por lo tanto, antes de que eso suceda, o incluso si ya ha sucedido, lo desafío a tomar la decisión de ir a su "mundo" —su hogar, oficina, negocio y ciudad— a testificar de Jesús. Le aseguro que la gloria de Dios se manifestará con señales indubitables, porque éste es el tiempo de la manifestación de la gloria en los creyentes y a través de ellos. Las señales seguirán a aquellos que vayan y obedezcan, de acuerdo con la Palabra de Dios. Conviértase en un instrumento de Dios, como portador de su presencia, y ¡manifieste su gloria mientras va!

Oración de activación

Padre de la gloria, daremos a conocer al mundo tus poderosos hechos y la gloriosa majestad de tu reino. Empodéranos para ir a otros en la demostración del Espíritu y el poder, para que la gente que crea en Jesús pueda edificar su fe en tu poder y no en la sabiduría de los hombres. La gente de todo el mundo necesita saber que tú eres real, y necesita tu presencia en su vida para poder ser transformada espiritual, física, emocional, mental y socialmente. Alguien debe ir a ellos con tu presencia y gloria. Aquí estamos, Señor, ¡envíanos! En el nombre de Jesús, amén.

Pasos para la acción

+ Si usted nunca ha recibido a Cristo como Señor y Salvador, tome la oportunidad de hacerlo en este momento. Sólo si tiene una relación con el Padre celestial podrá reflejar su gloria y llevarla al mundo. Repita esta oración:

Padre celestial, yo reconozco que soy un pecador, y ahora me arrepiento de todos mis pecados. Con mi boca, confieso que Jesús es el Hijo de Dios y creo en mi corazón que el Padre lo levantó de entre los muertos. En el nombre de Jesús, yo soy salvo. ¡Amén!

♦ Mientras va a su "mundo", dígales a otros el evangelio de Jesucristo, pidiéndole a Dios que confirme su Palabra con señales de sanidades y milagros. Estas cosas sucederán cuando nos olvidemos de nosotros mismos y nos centremos en los demás. Cada mañana al despertar, pídale a Dios que le ponga a alguien con necesidad en su camino —alguien enfermo, deprimido o perdido—. Pídale osadía para manifestar su presencia de manera que esa persona pueda ver su gloriosa luz y sea salva y libre.

EXPERIENCIAS CON LA GLORIA DE DIOS

Un desorden genético que producía enanismo, sanado

Matías nació con acondroplacia, un desorden genético que resulta en enanismo. Los médicos le explicaron a la madre de Matías que una falencia en el líquido amniótico había atrofiado el crecimiento de su hijo, en el vientre. Los recursos médicos en el área donde vivía eran limitados. Aun así consultó a varios médicos, pero ninguno pudo darle esperanzas. Matías no podía girar sus brazos; no podía caminar derecho, y había pasado una cirugía para corregir la curvatura de sus piernas —que corrían peligro de cruzarse como una X— pero sin resultados positivos.

Este joven también lidiaba con mucha culpa y baja auto estima, ya que se consideraba una carga para sus padres. Así, buscó alivio en el alcohol y las drogas, y dejó la escuela porque se sentía rechazado por sus compañeros de clase. A los veintiún años, no era más alto que un niño de diez años. ¡Necesitaba desesperadamente un milagro!

Entonces Matías asistió a unos servicios de sanidad que realizó el Ministerio El Rey Jesús en Argentina, donde él vive. Después de que el Pastor Guillermo Maldonado declarara una palabra para milagros creativos, Matías pasó al frente a testificar. Dijo que había sentido que el fuego de Dios lo tocaba, y que podía mover sus brazos normalmente. Matías lloraba mucho y estaba a la vista que la poderosa presencia de Dios estaba sobre él. Cuando el Pastor Maldonado vio lo pequeño que era, su corazón se movió a compasión y el Espíritu Santo lo guio a declarar que en veinticuatro horas, su cuerpo comenzaba a crecer, y Matías cayó al suelo bajo el poder de Dios.

El Pastor Maldonado regresó a casa, pero al día siguiente, el pastor de Matías —que también es médico— lo llamó para contarle que ¡Matías estaba creciendo! Había crecido poco más de dos centímetros (unos tres cuartos de pulgada) en las primeras veinticuatro horas. Cuarenta y ocho horas más tarde, había crecido tres centímetros más (un poco más de una pulgada). Setenta y dos horas después, tres centímetros más. Creció hasta que su ropa le empezó a quedar chica. En tres días, creció un total de 8 centímetros (un poco más de tres pulgadas). ¡Y sigue creciendo!

Matías comenzó a quejarse de dolores musculares —especialmente en los músculos entre las caderas y las piernas, y también en los cuádriceps— así que volvió al médico para ver qué sucedía. El doctor le explicó que, debido a que sus huesos habían crecido tanto, todos sus músculos, tendones, tejido y demás debían ajustarse a la nueva medida. Este milagro transformó la vida de este joven, de su familia y de todos los que lo conocen. Matías volvió a la escuela y comparte su testimonio dondequiera que va, usándolo para aumentar la fe de otros que también necesitan una sanidad. Lo que le sucedió a él era imposible en lo natural, pero fue posible en la gloria de Dios.

Respuestas

Estudio 1: Nuestro glorioso Dios

Parte I: *La gloria de Dios llena el cielo y la tierra*

1. la magnificencia, el poder y la gloria, la victoria y el honor; todas las cosas en los cielos y en la tierra; el reino

2. *"¡Aleluya! Salvación y honra y gloria y poder son del Señor Dios nuestro".*

3. sobre los cielos

4. (a) la gloria de Dios; (b) la obra de sus manos; (c) *"No hay lenguaje ni palabras, ni es oída su voz. Por toda la tierra salió su voz, y hasta el extremo del mundo sus palabras".*

5. la justicia de Dios

6. toda la tierra

7. No.

8. en la hermosura de la gloria de su magnificencia y en sus hechos maravillosos

Parte II: *A Dios sea la gloria*

9. *"Santo, santo, santo, Jehová de los ejércitos".*

10. *"A otro no daré mi gloria, ni mi alabanza a esculturas".*

11. (a) su sabiduría, (b) su valentía; (c) sus riquezas

12. en entender y conocer a Dios, y en que Él es el Señor

13. misericordia, juicio y justicia en la tierra

Parte III: *Dios comparte su gloria*

14. Dios se humilla a mirar en el cielo y en la tierra.

15. (d)

16. el Padre de gloria

17. habiendo de llevar muchos hijos a la gloria

18. la gloria que el Padre le había dado a Él

19. el Espíritu

Estudio 2: Fuiste hecho para la gloria

Parte I: *La vida en la gloria de Dios*

1. Dios

2. (a) lo seco o tierra; (b) las aguas o mares; (c) hierba; hierba que dé semilla; árboles de fruto que dieran fruto según su género, que su semilla esté en él

3. (a) del polvo de la tierra; (b) Sopló en su nariz aliento de vida. (c) La hizo de una de las costillas del hombre.

4. a la de Dios

5. Espíritu

6. el espíritu

7. aquellos que adoren en espíritu y en verdad

8. (a) lo coronaste de gloria y de honra; (b) señorear sobre; lo pusiste debajo de sus pies

9. (a) plantó un huerto; (b) árboles deliciosos a la vista y buenos para comer; el árbol de la vida; el árbol de la ciencia del bien y del mal; un río para regar el huerto; (c) Jehová Dios lo puso allí.

10. (a) la de Jehová Dios; (b) oyeron la voz de Jehová Dios

Parte II: *La vida fuera de la gloria de Dios*

11. *"De todo árbol del huerto podrás comer; mas del árbol de la ciencia del bien y del mal no comerás; porque el día que de él comieres, ciertamente morirás".*

12. (a) Eva comió del fruto del árbol de la ciencia del bien y del mal, y le dio a Adán, quien también lo comió. (b) Ella vio que el árbol era bueno para comer, agradable a los ojos y codiciable para alcanzar sabiduría.

13. (a) Le dijo que no moriría sino que sus ojos serían abiertos y sería como Dios, sabiendo el bien y el mal. (b) Sí. Habían sido hechos a su imagen y semejanza. (c) Sí.

14. (a) sus ojos fueron abiertos, y supieron que estaban desnudos. (b) cosieron hojas de higuera y se hicieron delantales. (c) Se escondieron de su presencia entre los árboles del huerto.

15. muertos en sus delitos y pecados

16. expulsó al ser humano del jardín del Edén

17. querubines y una espada encendida que se revolvía por todos lados

18. Todos pecaron y están destituidos de la gloria de Dios.

19. *"¡Traspasada es la gloria de Israel!"*

20. *"Y pondré enemistad entre ti y la mujer, y entre tu simiente y la simiente suya; ésta te herirá en la cabeza, y tú le herirás en el calcañar".*

21. La casa de Israel se describe como *"la viña de Jehová de los ejércitos"*; los hombres de Judá se describen como *"planta deliciosa"* de Dios.

22. (a) la *"vid verdadera"*; (b) el *"labrador"*

23. (a) las *"ramas"*; (b) *"mucho fruto"*

24. (a) huerto de riego; manantial de aguas; aguas nunca faltan; (b) *"El que cree en mí, como dice la Escritura, de su interior correrán ríos de agua viva".*

Estudio 3: El Señor de la gloria vino a la tierra

Parte I: La gloria de Jesús en la eternidad

1. con la gloria que tenía con el Padre antes de que el mundo fuese

2. (a) desde antes de la fundación del mundo; (b) en los postreros tiempos por amor de vosotros, y mediante el cual creéis en Dios; (c) Lo resucitó de los muertos y le dio gloria.

3. Señor de gloria

Parte II: La gloria de Jesús en la tierra

4. (a) Gloria; (b) paz, buena voluntad

5. gloriosas

6. honra y gloria

7. *"¡Bendito el rey que viene en el nombre del Señor; paz en el cielo, y gloria en las alturas!"*

8. *"Ahora es glorificado el Hijo del Hombre, y Dios es glorificado en él".*

9. (c)

10. (a) Glorificó al Padre en la tierra. (b) Acabó la obra que Dios le había encomendado.

Parte III: La gloria de Jesús dada al hombre

11. gloria y honra

12. recibido arriba en gloria

13 (a) potestad sobre toda carne; con el propósito de darles vida eterna a todos los que el Padre le había dado a Él; (b) conocer al único y verdadero Dios y a Jesucristo, a quien Él envió

14. (a) la gloria que el Padre le había dado a Él; (b) que estén con Él donde Él esté, y que vean la gloria que el Padre le dio

15. por Dios sabiduría; justificación; santificación; redención

16. nuestra

17. llevarlos a la gloria

18. para darnos la iluminación del conocimiento de su gloria en la faz de Jesucristo

19. resplandezca

20. *"Pero tenemos este tesoro en vasos de barro, para que la excelencia del poder sea de Dios, y no de nosotros".*

21. *"El que se gloría, gloríese en el Señor".*

22. Cristo en vosotros

23. cuál es la esperanza a que Dios los había llamado y cuáles las riquezas de la gloria de su herencia en los santos, y cuál la supereminente grandeza de su poder para con nosotros los que creemos

Estudio 4: La presencia manifestada de Dios

Parte I: Las manifestaciones en el Antiguo Testamento

1. El Dios de la gloria se le apareció a nuestro padre Abraham

2. (a) El ángel de Jehová se le apareció a Moisés en una llama de fuego en medio de una zarza que ardía pero no se consumía. (b) sacar a su pueblo, los hijos de Israel, de Egipto

3. (a) de día en una columna de nube y de noche en una columna de fuego; (b) La columna de nube marcaba el camino de día y la columna de fuego los alumbraba de noche para que pudieran viajar de día o de noche. (c) Una nube cubrió el tabernáculo de reunión y la gloria de Jehová llenó el tabernáculo. (d) Cuando la nube se alzaba del tabernáculo, los israelitas avanzaban, pero si la nube no se alzaba, no se movían.

4. Les servía como cubierta.

5. (a) truenos y relámpagos, una espesa nube sobre el monte y sonido de bocina muy fuerte; (b) Todo el monte humeaba; el humo subía como el humo de un horno y todo el monte se estremecía en gran manera. Se veía así porque Jehová había descendido sobre él en fuego. (c) *"con voz tronante"*

6. Debajo de los pies de Dios había como un embaldosado de zafiro *"semejante al cielo"* cuando está sereno.

7. (a) desde encima del propiciatorio y entre los dos querubines que están sobre el arca del testimonio; (b) entre querubines

8. (a) *"Te ruego que me muestres tu gloria"*. (b) Dios le respondió a Moisés que haría pasar todo su bien delante de él y que proclamaría el nombre de Jehová delante de él, pero Moisés podría ver sólo sus espaldas, no su rostro.

9. resplandecía

10. (a) La gloria de Jehová llenó la casa de Dios, en forma de nube, de manera tan ponderosa que los sacerdotes no podían estar allí para ministrar. (b) Descendió fuego del cielo y consumió el holocausto y las víctimas; la gloria de Jehová llenó la casa. (c) Se postraron sobre sus rostros en el pavimento y adoraron y alabaron al Señor diciendo: *"Porque él es bueno, y su misericordia es para siempre"*. Luego, ofrecieron sacrificios al Señor.

11. (a) un grande y poderoso viento que rompía los montes y quebraba las peñas; un terremoto y un fuego; (b) No. (c) en un *"silbo apacible y delicado"*; (d) Se cubrió el rostro con su manto.

12. Un carro de fuego con caballos de fuego, y Elías subió al cielo en un torbellino.

13. (a) Lo vio sentado sobre un trono alto y sublime y sus faldas llenaban el templo. (b) serafines; (c) *"Santo, santo, santo, Jehová de los ejércitos; toda la tierra está llena de su gloria"*. (d) Los quiciales de las puertas se estremecieron y la casa se llenó de humo.

14. (a) *"¡Ay de mí! que soy muerto; porque siendo hombre inmundo de labios, y habitando en medio de pueblo que tiene labios inmundos; han visto mis ojos al Rey, Jehová de los ejércitos"*. (b) Uno de los serafines tocó

la boca de Isaías con un carbón encendido, que había tomado del altar con unas tenazas, y dijo: *"He aquí que esto tocó tus labios, y es quitada tu culpa, y limpio tu pecado".* (c) El Señor le dijo: *"¿A quién enviaré, y quién irá por nosotros?".* E Isaías respondió: *"Heme aquí, envíame a mí."*

15. (a) Dijo que era como una piedra de zafiro. (b) una semejanza de hombre; (c) De la cintura para arriba, el *"hombre"* era color bronce refulgente, con apariencia de fuego dentro de ella en derredor, y de la cintura para abajo, parecía como fuego con resplandor todo alrededor. El resplandor parecía un arco iris en las nubes en un día de lluvia.

16. (a) la semejanza de la gloria de Jehová; (b) Postró sobre su rostro, y oyó la voz de uno que hablaba. (c) enviarlo a los israelitas rebeldes, de duro rostro y de empedernido corazón para darles la palabra del Señor

17. una voz de gran estruendo diciendo: *"Bendita sea la gloria de Jehová desde su lugar"*; el ruido de las alas de los seres vivientes que se juntaban la una con la otra; el sonido de las ruedas delante de ellos y un sonido de gran estruendo

Parte II: Las manifestaciones en el Nuevo Testamento

18. Los rodeó de resplandor.

19. (a) Él vio los cielos abiertos y al Espíritu de Dios que descendía como paloma sobre Él. Y oyó una voz del cielo que decía: *"Éste es mi Hijo amado, en quien tengo complacencia".* (b) Descendió en forma corporal.

20. (a) La apariencia de su rostro se alteró; su faz resplandecía como el sol, y sus vestidos se tornaron blancos relucientes. (b) *"Y sus vestidos se volvieron resplandecientes, muy blancos, como la nieve, tanto que ningún lavador en la tierra los puede hacer tan blancos".* (c) Moisés y Elías; (d) en gloria; (e) Él se les manifestó a través de una nube que los cubrió, y les habló desde la nube diciendo: *"Éste es mi Hijo amado, en quien tengo complacencia; a él oíd".*

21. (a) Hubo un estruendo del cielo como de un viento recio, que llenó toda la casa donde estaban sentados. Luego, se les aparecieron *"lenguas repartidas"* como de fuego, y se asentó una *"lengua"* sobre cada uno. (b) hablar en *"otras lenguas"* como el Espíritu les daba que hablasen; (c) *"las maravillas de Dios".*

22. (a) la gloria de Dios, y a Jesús a la diestra de Dios; (b) lleno del Espíritu Santo

23. (a) Le rodeó un resplandor de luz del cielo; cayó en tierra y oyó una voz que le decía: *"Saulo, Saulo, ¿por qué me persigues?".* (b) Quedó ciego por tres días. (c) Algo como escamas cayó de sus ojos y recibió la vista. (d) Sería lleno con el Espíritu Santo. (e) Se levantó y fue bautizado. (f) ser un vaso escogido del Señor para llevar su nombre en presencia los gentiles, reyes e hijos de Israel

24. (a) un gran terremoto que sacudió los cimientos de la cárcel, que todas las puertas se abrieran, y que las cadenas de los presos se soltaran. (b) Él y su familia creyeron en Dios y fueron bautizados; el carcelero se regocijó.

25. (a) Estaba vestido con una ropa que llegaba hasta los pies y tenía el pecho ceñido con un cinto de oro. su cabeza y sus cabellos eran blancos, como blanca lana, y sus ojos como llama de fuego. sus pies eran como bronce bruñido. (b) con el estruendo de muchas aguas; (c) En su mano derecha tenía siete estrellas y de su boca salía una espada aguda de doble filo. (d) *"como el sol cuando resplandece en su fuerza"*; (e) El templo se llenó de humo por la gloria y el poder de Dios.

Estudio 5: Conocimiento natural y conocimiento revelado

Parte I: Lecciones útiles del mundo natural

1. (a) la gloria de Dios; (b) por toda la tierra y hasta el extremo del mundo; (c) las cosas invisibles de Dios; (d) su eterno poder y deidad

2. (a) Que la hormiga, sin tener capitán, ni gobernador ni señor, prepara su comida en el verano y recoge su mantenimiento en el tiempo de la siega. (b) Puede venirnos necesidad como caminante, y pobreza como hombre armado.

3. (a) Es la más pequeña de todas las semillas que hay en la tierra, pero después de sembrada, crece y se convierte en la mayor de todas las hortalizas, y echa grandes ramas, de modo que las aves del cielo pueden morar bajo su sombra. (b) lo que sembrara; (c) Si sembramos para la carne recogeremos corrupción; si sembramos para el espíritu, recogeremos vida eterna.

4. (a) *"Levántate y vete a casa del alfarero…"*; (b) Un alfarero estaba haciendo una vasija de barro sobre la rueda, pero la vasija se echó a perder, así que la hizo otra vasija como le pareció mejor. (c) barro; la mano del alfarero; vosotros en mi mano

5. (a) *"Aún faltan cuatro meses para que llegue la siega"*. (b) *"…Alzad vuestros ojos y mirad los campos, porque ya están blancos para la siega"*. (c) *"Cuando ustedes ven que se levanta una nube en el occidente, en seguida dicen: 'Va a llover', y así sucede. Y cuando sopla el viento del sur, dicen: 'Va a hacer calor', y así sucede"*. (d) Les dijo que sabían interpretar la apariencia de la tierra y el cielo, pero ¿cómo no sabían interpretar el tiempo actual?

Parte II: Límites del conocimiento natural

6. (a) Comieron el fruto del árbol de la ciencia del bien y del mal. (b) el conocimiento de que estaban desnudos; (c) conocimiento del ámbito físico

7. (a) *"Lo que es nacido de la carne, carne es; y lo que es nacido del Espíritu, espíritu es"*. (b) del agua y del Espíritu

8. (a) No. (b) a través de la revelación del Espíritu de Dios; (c) Han recibido el Espíritu que proviene de Dios; no han recibido el espíritu del mundo.

Parte III: Las consecuencias de la falta de conocimiento revelado

9. volver a la "tierra" o la muerte

10. Tener una mente carnal es igual a la muerte; tener una mente espiritual es vida y paz.

11. (a) trocado su gloria por lo que no aprovecha; (b) la fuente de agua viva; (c) cisternas rotas que no retienen el agua

12. (a) Se pueden envanecer en sus pensamientos y su necio corazón puede ser entenebrecido. (b) por semejanza de hombre corruptible, de aves, de cuadrúpedos y de reptiles; (c) por la mentira; (d) a una mente reprobada; (e) a la inmundicia, en las concupiscencias de sus corazones, de modo que deshonrarán sus cuerpos entre sí.

13. La palabra de Jehová escaseaba; no había visión (revelación) con frecuencia.

14. (a) se desenfrena (b) se extravía

15. El pueblo de Dios es destruido por falta de conocimiento.

Parte IV: Conocimiento humano versus conocimiento divino

16. (a) apoyarnos en nuestra propia prudencia y ser sabios en nuestra propia opinión; (b) fiarnos de Jehová con todo nuestro corazón y reconocerlo en todos nuestros caminos; (c) enderezará nuestras veredas

17. Porque su fin es camino de muerte.

18. (a) insensatez para con Dios; (b) que son vanos

19. (a) *"como son más altos los cielos que la tierra"*; (b) *"¿Por qué gastáis el dinero en lo que no es pan, y vuestro trabajo en lo que no sacia?"* (c) Oídme atentamente; (d) que vivirá (e) Debe dejar su camino y sus pensamientos.

20. (a) por inspiración de Dios; (b) los santos hombres de Dios hablaron siendo inspirados por el Espíritu Santo. (c) por la voluntad humana

Parte V: Conocimiento revelado

21. (a) Jesús le dijo que su Padre que está en los cielos se lo había revelado. (b) ni carne ni sangre

22. señales y maravillas, diferentes milagros y dones del Espíritu Santo

23. (a); según mi evangelio y la predicación de Jesucristo; revelación del misterio; manifestado ahora (b) revelada a sus santos apóstoles y profetas

24. palabra de sabiduría; palabra de ciencia; profecía; interpretación de lenguas

25. (a) que profetizaran; (b) edificación, exhortación y consolación

26. soñarán sueños; verán visiones

27. Los guiaría a toda verdad. Les hablaría todo lo que oyere y les haría saber las cosas por venir.

28. *"Lo que es imposible para los hombres, es posible para Dios"*.

Estudio 6: De la doctrina fundamental a la revelación

Parte I: Edifique una base de doctrina fundamental

1. (a) las Sagradas Escrituras; (b) para la salvación por la fe en Cristo Jesús

2. (a) Son útiles para enseñar (doctrina), redargüir, corregir e instruir en justicia. (b) toda buena obra

3. la leche espiritual no adulterada, para crecer

4. (a) Seremos inexpertos en la palabra de justicia; permaneceremos como "niños". (b) *"los que han alcanzado madurez, para los que por el uso tienen los sentidos ejercitados en el discernimiento del bien y del mal"*

5. Debemos dejar los rudimentos de la doctrina de Cristo y seguir adelante a la perfección.

Parte II: Viva lo que sabe

6. (b)

7. (a) un hombre prudente que edifica su casa sobre la roca; (b) lluvias, ríos; vientos; (c) fundada

8. (a) No tienen raíces. (b) No llevan fruto. (c) Retienen la palabra oída y dan fruto con perseverancia.

9. amor, gozo, paz, paciencia, benignidad, bondad, fe, mansedumbre, templanza

10. (a) virtud; (b) conocimiento, dominio propio, paciencia, piedad, afecto fraternal y amor; (c) estar ociosos, sin fruto en cuanto al conocimiento de nuestro Señor Jesucristo

Parte III: Ir "de fe y para fe"

11. de fe y para fe

12. *"Porque como el cuerpo sin espíritu está muerto, así también la fe sin obras está muerta"*.

13. mucho se le demandará; más se le pedirá

14. poder

15. con las señales que la seguían

16. muchas señales y prodigios

17. de muchos que tenían espíritus inmundos salían éstos; muchos paralíticos y cojos eran sanados.

18. para que la fe de los corintios no estuviera fundada en la sabiduría de los hombres sino en el poder de Dios.

19. fe, dones de sanidades, el hacer milagros, el discernimiento de espíritus y diferentes tipos de lenguas

Parte IV: Busque revelación fresca

20. (a) una gran hambre en toda la tierra habitada; (b) Cada uno, conforme a lo que tenía, determinaron enviar socorro a los hermanos que habitaban en Judea; lo cual hicieron enviándolo a los ancianos de la iglesia en esa región, por mano de Bernabé y de Saulo.

21. (a) apartar a Bernabé y a Saulo para la obra para la que los había llamado; (b) ministrando al Señor y ayunando;

22. (a) *"Porque ha parecido bien al Espíritu Santo, y a nosotros,...."* (b) según una revelación; (c) aquellos que tenían cierta reputación

23. (a) Les fue prohibido por el Espíritu Santo. (b) El Espíritu no se los permitió. (c) *"un varón macedonio estaba en pie, rogándole y diciendo: Pasa a Macedonia y ayúdanos"*. (d) concluyeron que Dios los llamaba para que les anunciasen el evangelio, así que procuraron partir para Macedonia.

Parte V: Discierna las falsas enseñanzas y manifestaciones

24. (a) Dos o tres profetas deben hablar y el resto juzgar lo que dicen. No debemos creer todo espíritu, sino probar si son de Dios. (b) a los profetas; (c) paz; (d) *"Pero hágase todo decentemente y con orden"*.

25. (a) *"retened lo bueno"*; (b) *"No apaguéis al Espíritu"*. (c) profetizar; (d) el hablar en lenguas

26. (a) Lo tentó a que convirtieran las piedras en pan. (b) Él le respondió al diablo: *"Escrito está: No sólo de pan vivirá el hombre, sino de toda palabra que sale de la boca de Dios"*.

27. compasión

28. contención; amor

29. (a) dinero; (b) Simón estaba en hiel de amargura y en prisión de maldad.

30. (a) quiera hacer la voluntad; conocerá; (b) su propia gloria; (c) la gloria del que lo envió

Estudio 7: Las tres dimensiones de lo sobrenatural

Parte I: La fe

1. una medida de fe

2. *"Es, pues, la fe la certeza de lo que se espera, la convicción de lo que no se ve".*

3. por fe andamos

4. (a) No miramos las cosas que se ven, y sí miramos las que no se ven. (b) Las cosas que se ven son temporales, mas las que no se ven son eternas.

5. Sin fe es imposible agradar a Dios.

6. (a) que lo recibiremos; (b) Recibiremos lo que pedimos.

7. fe en Dios

8. por la fe en el Hijo de Dios

9. *"Mas el justo por su fe vivirá".*

Parte II: La unción

10. El Espíritu de Jehová vino sobre él, de aquel día en adelante.

11. una llenura del Espíritu de Dios en sabiduría, inteligencia, en ciencia y en todo arte, para inventar diseños, para trabajar en oro, en plata y en bronce, y en artificios de piedras para engastarlas y en artificio de madera

12. la unción del Santo

13. (a) Dijo que serían bautizados con el Espíritu Santo. (b) poder; (c) Fueron todos llenos del Espíritu Santo, y comenzaron a hablar en otras lenguas, según el Espíritu les daba que hablasen.

14. (a) Les imponían las manos y recibían el Espíritu Santo. (b) El Espíritu Santo cayó sobre ellos. (c) Hablaban en lenguas y magnificaban a Dios. (d) Les impuso las manos. (e) Vino sobre ellos el Espíritu Santo y hablaron en lenguas y profetizaron.

15. (a) a cada uno le es dada la manifestación del Espíritu para provecho; (b) repartiendo a cada uno en particular como él quiere

16. (a) apóstoles, profetas, evangelistas, pastores y maestros; (b) para perfeccionar a los santos para la obra del ministerio y para edificar el cuerpo de Cristo

17. Ayunaron y oraron; luego, les impusieron las manos a Pablo y a Bernabé y los despidieron.

18. (a) Los ungían con aceite. (b) Si un creyente está enfermo debe llamar a los ancianos de la iglesia para que oren por él, ungiéndolo con aceite en el nombre del Señor. (c) la oración de fe; (d) Será perdonado.

19. (a) que ha salido poder de mí; (b) su fe

20. Jesús fue ungido para dar buenas nuevas a los pobres; para sanar a los quebrantados de corazón; para pregonar libertad a los cautivos y vista a los ciegos; para poner en libertad a los oprimidos; y predicar el año agradable del Señor.

21. (a) con el Espíritu Santo y poder; (b) Anduvo haciendo bienes y sanando a todos los oprimidos por el diablo.

22. Dijo que harían las obras que Él hizo y aun mayores, porque Él iba al Padre.

Parte III: La gloria

23. (a) desapareció; porque le llevó Dios; (b) Dice que caminaba con Dios.

24. Una nube cubrió el tabernáculo y la gloria de Dios llenó el tabernáculo.

25. (a) El fuego de Jehová cayó y consumió el sacrificio, la leña, las piedras y el polvo, y lamió el agua que estaba en la zanja. (b) Se postraron diciendo: "*¡Jehová es el Dios, Jehová es el Dios!*".

26. (a) Dice que los madianitas, los amalecitas y los "*hijos del oriente*" eran "*como langostas en multitud*" y sus camellos eran "*innumerables como la arena que está a la ribera del mar en multitud*". (b) trescientos; (c) trompetas y cántaros vacíos con teas ardiendo dentro de los cántaros. (d) Tocaron las trompetas y quebraron los cántaros; levantaron las teas con la mano izquierda, y en la derecha, las trompetas que tocaban. (e) "*¡Por la espada de Jehová y de Gedeón!*". (f) Todo el ejército echó a correr dando gritos.

27. (a) Le dijo que el Espíritu Santo vendría sobre ella y que el poder del Altísimo la cubriría con su sombra. (b) "*He aquí la sierva del Señor; hágase conmigo conforme a tu palabra*".

28. (a) cuatro días; (b) "*¿No te he dicho que si crees, verás la gloria de Dios?*". (c) Lázaro salió vivo de la tumba. (d) Dijo que debían desatarlo y dejarlo ir.

29. (a) tres mil; (b) cinco mil

30. poderes del siglo venidero

Estudio 8: La transición de la unción a la gloria

Parte I: ¿Quién recibe la revelación?

1. (a) los que le temen; hará conocer su pacto; (b) nosotros y para nuestros hijos para siempre; cumplamos todas las palabras de esta ley

2. de su Espíritu

3. Le dijo que le respondería y le enseñaría cosas grandes y ocultas que él no conocía.

4. espíritu de sabiduría y revelación en el conocimiento de Él

Parte II: Jesús abrió el camino a la revelación constante

5. Se rasgó en dos de arriba abajo.

6. (a) hecho sumo sacerdote para siempre; (b) con su propia sangre; (c) una vez para siempre

7. dentro del velo

8. (a) con libertad; por la sangre de Jesucristo; (b) con corazón sincero, en plena certidumbre de fe

9. en la esperanza de la gloria de Dios

Parte III: Desarrolle una nueva estructura de pensamientos

10. *"Pondré mis leyes en sus corazones, y en sus mentes las escribiré"*.

11. nuestro corazón, nuestra alma y nuestra mente

12. en las cosas de arriba

13. *"Venga tu reino. Hágase tu voluntad, como en el cielo, así también en la tierra"*.

14. todo

Parte IV: Deje que Dios sea Dios

15. (a) Estar quietos y conocer que Él es Dios. (b) entre las naciones y en la tierra

16. (a) el de Dios Padre; (b) porque amaba al Hijo

17. (a) *"No sea como yo quiero, sino como tú"*. (b) negarnos a nosotros mismos, tomar nuestra cruz y seguir a Jesús; (c) Aquellos que quieran salvar su vida la perderán y los que la pierdan por causa de Cristo la hallarán.

18. por lo que padeció

19. (a) se despojó a sí mismo; (b) se humilló a sí mismo; haciéndose obediente hasta la muerte; muerte de cruz

Parte V: Respete la gloria

20. (a) Extendió su mano al arca y la sostuvo. (b) Lo hirió por su temeridad y cayó muerto.

21. (a) *"¿No es ésta la gran Babilonia que yo edifiqué para casa real con la fuerza de mi poder, y para gloria de mi majestad?"*. (b) Su reino le sería quitado, sería arrojado de entre los hombres y habitaría con las bestias del campo, apacentado como a bueyes. (c) El Altísimo tiene el dominio en el reino de los hombres, y lo da a quien él quiere. (d) los humilla; (e) al Altísimo; porque su dominio es sempiterno y su reino, por todas las edades

22. (a) *"¡Voz de Dios, y no de hombre!"*. (b) Fue herido por un ángel del Señor y expiró comido de gusanos porque no le dio la gloria a Dios.

23. Le mintieron al Espíritu Santo, y tentaron al Espíritu del Señor.

24. (a) No. (b) *"Éste es mi Hijo amado; a él oíd"*.

Parte VI: *La revelación viene a aquellos que tienen hambre y sed*

25. El Padre los amará y que el Padre y Jesús vendrán a ellos y harán morada con ellos.

26. los que tienen hambre y sed de justicia

27. (a) conocer los misterios del reino de los cielos; (b) Su corazón se ha engrosado, sus oídos se han puesto pesados para oír, y han cerrado sus ojos. (c) porque sus ojos veían y sus oídos oían

Estudio 9: Pasión por buscar la presencia de Dios

Parte I: *El anhelo de Moisés por la presencia de Dios*

1. (a) Temblaron y se pusieron lejos. (b) Dijeron que querían que Moisés hablara con ellos y ellos oirían, pero no querían que Dios hablara con ellos porque podían "morir". (c) Les dijo que no temieran, que Dios los estaba probando, para que su "temor" estuviera delante de ellos y no pecaran. (d) Se acercó a la oscuridad en la cual estaba Dios.

2. (a) *"Mi presencia irá contigo, y te daré descanso"*. (b) *"También haré esto que has dicho."* (c) porque Moisés había hallado gracia en sus ojos y Dios lo conocía por su nombre

3. (a) cara a cara, como a un amigo; claramente; (b) Moisés era fiel en toda la casa de Dios.

4. (a) para enseñarles; (b) para que no se corrompieran e hicieran esculturas, imagen de figura alguna; (c) ver la gloria de Dios

Parte II: *El celo de David por Dios*

5. un varón conforme a su corazón

6. (a) *"A Jehová he puesto siempre delante de mí"*. (b) plenitud de gozo, delicias para siempre

7. la habitación de la casa de Jehová y el lugar de la morada de su gloria

8. (a) estar en la casa de Jehová todos los días de su vida; (b) para contemplar la hermosura de Jehová e inquirir en su templo (c) *"Tu rostro buscaré, oh Jehová"*.

9. (a) de madrugada; (b) *"Mi alma tiene sed de ti, mi carne te anhela, en tierra seca y árida donde no hay aguas"*. (c) en el santuario; (d) el poder y la gloria de Dios; (e) en las vigilias de la noche

10. (a) Danzó delante de Jehová con toda su fuerza. (b) saltaba y danzaba

Parte III: *El intenso deseo de Pablo por la intimidad con Cristo*

11. a Cristo y el poder de su resurrección, y la participación de sus sufrimientos

12. (a) todas las cosas; (b) para ganar a Cristo; ser hallado en Él

13. (a) esperamos; (b) aman su venida

14. su anchura, su longitud, su profundidad y su altura

Parte IV: Sedientos de Dios

15. (a) cisternas rotas que no retienen agua; (b) fuente de agua viva

16. (a) del Dios vivo; (b) *"Como el ciervo brama por las corrientes de las aguas, así clama por ti, oh Dios, el alma mía"*.

17. venga a mí y beba

18. (a) De su interior correrán ríos de agua viva. (b) el Espíritu Santo

Parte V: La pasión por Dios lleva al conocimiento revelado

19. (a) justo y piadoso; (b) la consolación de Israel; (c) el Espíritu Santo; (d) que no vería la muerte antes que viese al Ungido del Señor; (e) del Espíritu; (f) *"Ahora, Señor, despides a tu siervo en paz, conforme a tu palabra"*.

20. (a) como jefe de los publicanos y rico; (b) Se subió a un árbol sicómoro. (c) *"Zaqueo, date prisa, desciende, porque hoy es necesario que pose yo en tu casa"*. (d) ha venido la salvación a esta casa; (e) que si alguno ama a Jesús, guardará su Palabra y el Padre le amará, y el Padre y Jesús vendrán a él y harán morada con él

21. (a) No tendrá sed jamás. (b) una fuente de agua que salte para vida eterna; (c) *"Dios es Espíritu; y los que le adoran, en espíritu y en verdad es necesario que adoren"*.

Parte VI: Desarrolle una pasión por Dios

22. amando al Señor con todo nuestro corazón, alma y mente

23. su amor por nosotros

24. (a) con amor eterno; (b) prolongando sobre ellos su misericordia

25. (a) que la vomitará de su boca; (b) *"Sé fervoroso y arrepiéntete"*. (c) misericordioso y clemente, lento para la ira y grande en misericordia

26. (a) mientras que pueda ser hallado, en tanto que está cercano; (b) Él tendrá misericordia y será amplio en perdonarnos.

27. (a) *"¿A quién tengo yo en los cielos sino a ti? Y fuera de ti nada deseo en la tierra"*. (b) la roca de nuestro corazón y nuestra porción para siempre

Estudio 10: Condiciones, recompensas y beneficios de la gloria

Parte I: Cuatro condiciones para recibir las bendiciones de Dios

1. Tenía que humillarse.

2. Volverse y hacerse como niños.

3. Él nos exaltará.

4. ora

5. Él se volverá a su pueblo.

6. espíritu de gracia y de oración

7. intercediendo por nosotros con gemidos indecibles; intercediendo por los santos conforme a la voluntad de Dios

8. puede mucho

9. que busque su rostro

10. El pueblo le hallaría.

11. conoceremos al único y verdadero Dios y a Jesucristo, a quien Él envió

12. Tiene que volverse de sus malos caminos.

13. (a) en descanso y en reposo; (b) arrepentimiento para salvación; (c) muerte

14. (a) El que tiene dos túnicas debe darle una al que no tiene ninguna; el que tiene comida debe compartirla con alguien que no tenga. (b) que no exijan más dinero del que les está ordenado; (c) que no extorsionen a nadie ni calumnien y que se contenten con su salario

15. (a) su primer amor; (b) que recordaran de dónde habían caído y se arrepintieran, y que hicieran las *"primeras obras"*

Parte II: Tres resultados de buscar a Dios

16. galardonador

17. Él oirá desde los cielos.

18. (a) Dios había oído su voz y sus súplicas. (b) porque Dios había inclinado su oído a él

19. (a) Si pedimos cualquier cosa conforme a su voluntad, Él nos oye. (b) que tenemos las peticiones que le hayamos hecho

20. Él perdonará sus pecados.

21. Él es fiel y justo para perdonar nuestros pecados y limpiarnos de toda maldad.

22. tan lejos como está el oriente del occidente

23. Sanará su tierra.

24. ningún bien

25. Él perdonó todas sus iniquidades, sanó todas sus dolencias, rescató del hoyo su vida, lo coronó de favores y misericordias, sació de bien su boca de modo que se rejuveneciera como el águila.

Parte III: Debemos buscar la gloria de Dios "hasta…"

26. (a) Debemos sembrar en justicia y hacer barbecho. (b) en misericordia; (c) hasta que; (d) El Señor vendrá y nos enviará lluvia de justicia.

27. *"Pedid, y se os dará; buscad, y hallaréis; llamad, y se os abrirá"*.

28. de todo su corazón

29. A su tiempo, segaremos.

Estudio 11: Transformados en su gloria

Parte I: De gloria en gloria

1. *"como la luz de la aurora, que va en aumento hasta que el día es perfecto"*

2. (a) Somos transformados a la imagen del Señor de gloria en gloria. (b) el Espíritu del Señor; (c) libertad; (d) estamos siendo transformados

3. para que nosotros fuésemos hechos justicia de Dios en Él

4. (a) aquello para lo cual fue asido también por Cristo; (b) Él olvidaba lo que quedaba atrás y se extendía a lo que estaba delante. (c) hacia la meta, al premio del supremo llamamiento de Dios en Cristo Jesús

5. (a) todo peso y del pecado que nos asedia; (b) Jesús, el autor y consumador de nuestra fe

Parte II: Renovación y transformación

6. (a) la renovación de nuestro entendimiento; (b) cuál es la buena voluntad de Dios, agradable y perfecta

7. este mundo

8. *"Es necesario obedecer a Dios antes que a los hombres".*

9. siervo de Cristo

10. (a) en conocimiento de acuerdo a la imagen del que lo creó; (b); entrañable misericordia, benignidad, humildad, mansedumbre y paciencia; (c) Soportándonos los unos a los otros y perdonándonos unos a otros, tal como Cristo nos perdonó. (d) amor

11. (a) Se renueva día a día. (b) un cada vez más excelente y eterno peso de gloria

12. (a) paciencia; (b) prueba y esperanza; (c) Debemos gloriarnos en ellas. (d) retroceder

13. (a) el glorioso Espíritu de Dios; (b) Es glorificado.

Parte III: Obstáculos para la transformación divina

14. rebelión; obstinación

15. no endurecer nuestros corazones como en la provocación

16. (a) su corazón; (b) Su espíritu no fue fiel con Dios.

17. el temor de Jehová

18. el envanecimiento

19. (a) la deshonra; contienda; abatimiento; quebrantamiento; (b) exaltado por el Señor; salvación; sabiduría; honra; ser el mayor en el reino de los cielos; será enaltecido; gracia

20. (a) Los resiste. (b) gracia; (c) Él los exaltará cuando fuere tiempo.

21. (a) Nos engañamos a nosotros mismos. (b) la verdad; (c) Lo hacemos mentiroso. (d) la Palabra de Dios

22. (a) *"Yo soy rico, y me he enriquecido, y de ninguna cosa tengo necesidad".* (b) Eran desventurados, miserables, pobres, ciegos y desnudos.

23. *"No seas sabio en tu propia opinión; teme a Jehová, y apártate del mal".*